MATERIALES PARA LAS CLASES DE ESPAÑOL

Ramón Díez Galán

INDICE

PARA HABLAR

Lo más importante para la mayoría de los alumnos es poder comunicarse en español, por eso debemos poner mucho énfasis en este tipo de ejercicios.

En ocasiones tendremos que obligarles a hablar durante las clases, mientras que en otras situaciones simplemente deberemos moderar la conversación, en cualquiera de los casos hay que enfrentarles a nuevos retos y situaciones.

MINI TEATRO

Está bien para empezar la clase y romper el hielo con un grupo, dos alumnos se sitúan frente al resto de la clase y representan una mini obra de teatro. Después formamos grupos y los alumnos prepararán nuevas representaciones con la misma temática. Ejemplo de una entrevista de trabajo:

Entrevistador/a: ¿Está aquí por la oferta de trabajo?

Candidato/a: Sí, así es

Entrevistador/a: Muy bien, voy a hacerle algunas preguntas. Veo en su currículum que en su anterior trabajo era usted una persona responsable.

Candidato/a: Sí, siempre que había un problema, yo era el responsable.

Entrevistador/a: Bueno, necesitamos alguien que hable inglés sin problemas.

Candidato/a: Ese soy yo.

Entrevistador/a: ¿Cómo se dice pájaro en inglés?

Candidato/a: Hmmmmm…. Bird

Entrevistador/a: Muy bien, ¿puede utilizarlo en una frase?

Candidato/a: Sí claro: Happy Bird day to you!

Entrevistador/a: Hmmm. Bueno, vamos a probar otra vez, ¿cómo se dice "mirar" en inglés?

Candidato/a: Look!

Entrevistador/a: Perfecto, y ahora utilícelo en una frase.

Candidato/a: Look, yo soy tu padre.

Entrevistador/a: Ehhhm ya le llamaremos, muchas gracias. Adiós

LA ENTREVISTA DE TRABAJO

Por parejas, uno hará el rol de entrevistador y el otro será el candidato.

Empresa líder en el sector necesita:
DIRECTOR COMERCIAL

Requisitos:
· Estudios superiores
· Habilidades comerciales
· Idiomas
· Capacidad de liderazgo
Se ofrece:
· Flexibilidad en los horarios
· Ingresos altos

Enviar currículum al email:
reclutamiento@international.com

SE BUSCA CAMARERO

De junio a septiembre.
Jornada completa.
Trabajo de miércoles a domingo.
No es necesaria experiencia.

Interesados llamar al teléfono:
605786544

DICTADO DE PALABRAS

Para el primer o segundo día de clase. Se trabaja en parejas, cada alumno recibe una tabla, se turnan para leer las palabras que cada uno tiene, el que escucha debe escribir la palabra en su tabla.

LECHE	
AÑO	
COCHE	
JAMÓN	
VEINTE	
JUEVES	
CASA	
CHICA	
AMIGO	
VERDE	

	MANZANA
	OJO
	AZUL
	PLÁTANO
	ESPAÑA
	AGUA
	PERRO
	GATO
	SILLA
	ROJO

DESCRIBIR IMÁGENES

Se pueden imprimir en papel o mostrar con el proyector. El alumno debe describir todo lo que ve y hacer suposiciones sobre lo que está sucediendo.

ADIVINAR LA PELÍCULA

Un alumno recibe una tarjeta y debe explicar la película que le ha tocado, el resto debe tratar de adivinar. También se puede hacer con personajes famosos.

STAR WARS	TITANIC
EL PADRINO	BATMAN
TOY STORY	EL SEÑOR DE LOS ANILLOS
EL PIANISTA	HARRY POTTER

PROBLEMAS DE FAMILIA

Se presentan diferentes problemas, cada estudiante debe actuar según el rol que le ha tocado.

HIJO	PADRE
Tienes 18 años y te has enamorado de la madre de un amigo tuyo. Es arquitecta, maravillosa y quieres ir a vivir con ella. Está divorciada y tiene dos hijos de tu edad, pero a ti no te importa. Cuéntales a tus padres tus intenciones y háblales de tu chica.	Eres un hombre conservador. Tu hijo de 18 años no para de hacer locuras, estás preocupado por el camino que está tomando en su vida. Quiere vivir con una mujer mucho mayor que él, y encima divorciada. Pon problemas a lo que él te pida.

MARIDO	MUJER
Llevas casado con tu mujer 25 años y siempre veraneáis en casa de tu madre. Es un lugar tranquilo y agradable donde pasar las vacaciones. No te gustan los cambios. Tu mujer quiere hacer un viaje exótico, pero a ti no te parece una buena idea. Defiende tu postura y pon obstáculos a lo que ella te proponga.	Llevas 25 años casada con tu marido y estás cansada de pasar los veranos siempre en la aburrida casa de tu suegra. Quieres hacer algo exótico y diferente, has visto unos viajes a África que te interesan mucho. Plantéaselo a tu marido y defiende tu postura. No quieres veranear más en la casa familiar.

DEBATES

Se divide a los alumnos en dos grupos y se discuten las ideas tratando de aportar argumentos, es recomendable introducir el tema anteriormente con algún texto o video y dejar a los alumnos unos minutos para preparar sus argumentos. Para evitar discusiones se puede sortear quien defiende cada opinión.

Totalmente a favor	Absolutamente en contra

¿Recibir dinero por denunciar a otros conductores?

El nuevo gobierno propone a los conductores un porcentaje de la multa que paguen los infractores a los que ellos hayan denunciado, deben aportar pruebas de la infracción, por ejemplo, vídeos o fotos. Hay gente que está de acuerdo con esta nueva medida, pero otras personas están en contra, ¿qué opinas tú? ¿Qué aspectos positivos y negativos podría tener esta medida?

OTROS TEMAS

Legalización de la marihuana, capitalismo o comunismo, matrimonio homosexual, clase de religión obligatoria, pena de muerte, prohibir teléfonos en clase, aceptar a los refugiados de África.

EL CASO MISTERIOSO

El profesor cuenta la historia y dibuja, los alumnos deben hacer preguntas para ir descubriendo qué ha pasado.

Eres policía, te llaman por teléfono porque un hombre ha muerto. Vas a la casa del hombre, él está ahorcado en el centro de una habitación totalmente vacía y en el suelo hay un gran charco de agua.

Ejemplo:
- ¿El hombre estaba solo?
- Sí
- ¿Está lloviendo?
- No
.....

Solución:
El hombre se ha suicidado, se ha ahorcado y como apoyo ha utilizado un gran bloque de hielo que se ha ido derritiendo.

EL TITANIC

Se lee un texto sobre el Titanic y se habla sobre la película, después se juega a un juego de interpretar roles en el que los alumnos deberán ponerse en la piel de otras personas y decidir quién ocupará la última plaza en un bote salvavidas. Cada uno debe dar argumentos por los cuales debe ser él quien se salve.

ERES UNA NIÑA QUE VA A CONOCER A SUS PADRES ADOPTIVOS	ERES UN DEPORTISTA MUY FAMOSO EN TODO EL MUNDO
ERES UN CIENTÍFICO IMPORTANTE	ERES UN PADRE DE FAMILIA NUMEROSA
ERES UN CHICO QUE SE VA A CASAR LA SEMANA QUE VIENE	ERES EL ÚNICO TESTIGO DE UN CRIMEN
ERES UN POLÍTICO MUY IMPORTANTE	ERES UN HOMBRE CIEGO QUE VA A HACERSE UNA OPERACIÓN

DESCRIBIR EL MONSTRUO

Un ejercicio que está muy bien para dinamizar la clase y practicar las partes del cuerpo de una manera diferente. Un alumno debe describir el monstruo de la imagen, mientras que el resto deben dibujar lo que escuchan.

JUEGO DE ROL CIUDAD

Un divertido juego que se puede adaptar a todos los niveles, está muy bien para practicar el vocabulario de los viajes.

Necesitamos:
· dinero falso para jugar;
· fichas de personaje para cada alumno;
· pequeños ejercicios de gramática.

La historia es que los estudiantes van a una nueva ciudad a trabajar, no tienen dinero, empezamos ofreciéndoles un trabajo en la oficina, para ello realizaremos una entrevista de trabajo.
Después ellos podrán actuar libremente por la ciudad, cada vez que van a la oficina y hacen un ejercicio de gramática, obtienen dinero, después pueden gastar este dinero en las tiendas, restaurantes etc.

En las siguientes páginas se encuentran el mapa da la ciudad y algunos ejercicios que pueden realizar los alumnos en la oficina a cambio de dinero.

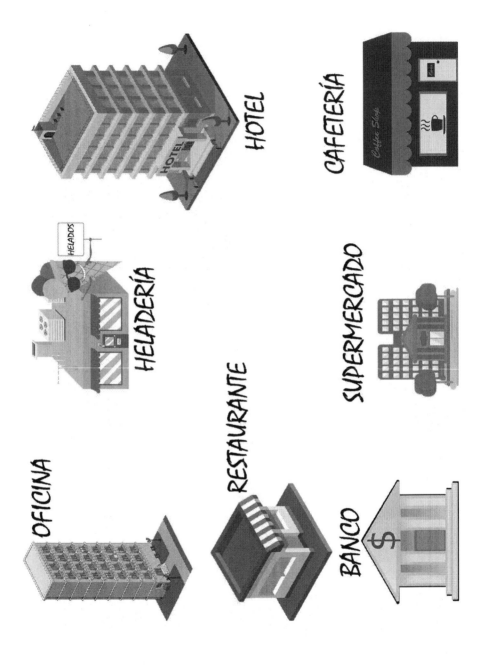

HOTEL

CAFETERÍA

HELADERÍA

SUPERMERCADO

OFICINA

RESTAURANTE

BANCO

TRABAJO	**TRABAJO**	**TRABAJO**
Yo (vivir) .... en Valencia, pero mis padres (vivir) .... en Madrid	Juan (cantar) .... muy mal.	5 cosas que puedes encontrar en la clase.
10 €	**10 €**	**10 €**
TRABAJO	**TRABAJO**	**TRABAJO**
5 muebles que hay en tu casa.	5 profesiones.	Lee los números: 11-12-13-14-15-16
10 €	**10 €**	**20 €**
TRABAJO	**TRABAJO**	**TRABAJO**
Mi amigo (estudiar) .... español todos los días.	Nosotros (comprar) .... en la tienda, pero Ana (comprar) por internet.	Lee los números: 10-20-30-40-50-60
10 €	**10 €**	**20 €**
TRABAJO	**TRABAJO**	**TRABAJO**
Yo (jugar) .... al fútbol todos los martes.	Mi madre (desayunar) .... en el trabajo.	Mis primos (viajar) .... mucho por España
10 €	**10 €**	**10 €**

LA FAMILIA

Tras haber estudiado el vocabulario de la familia, un alumno se dirige al resto de sus compañeros y habla sobre su familia ficticia. Los alumnos que escuchan deberán dibujar el árbol genealógico de su compañero.

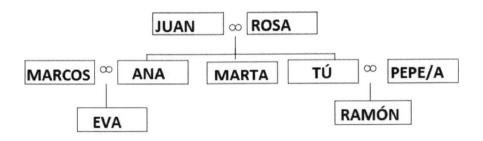

Ejemplo:

- Mi padre se llama Juan.
- Mi madre se llama Rosa.
- Tengo dos hermanas, Marta y Ana.
- Ana está casada con Marcos.
- ...

HOMER EN TU PAÍS

 Los alumnos deben dar consejos a Homer Simpson.

Homer acaba de llegar a tu país, ha descubierto que aquí las personas hablan un idioma diferente a él y le gustaría aprenderlo.

Dale 4 consejos para aprender rápidamente:

Es sábado por la noche y Homer está en casa, no conoce a nadie y no sabe qué hacer. Pero él está seguro de que en tu ciudad hay muchas formas de divertirse.

Recomiéndale 3 cosas que puede hacer:

 Es domingo y Homer ha decidido hacer turismo, pero no sabe ni coger bien un mapa, ¿qué le aconsejarías que hiciera en tu ciudad?

Por fin ha conocido a un amigo, se llama Bender y le ha ayudado mucho a entender la cultura de tu país.

Homer está muy feliz y le gustaría sorprender a su nuevo amigo.

¿Qué podría hacer?

Homer no conoce muy bien la comida ni los restaurantes de la ciudad, sigue con el estilo de vida americano y comiendo mucha comida basura. Sin embargo, le encantaría descubrir nuevos y deliciosos sabores.

¿Qué restaurante o que comida le recomendarías?

La vida de Homer ha cambiado desde que ha conocido a una chica, está totalmente enamorado de ella. Pero tiene un problema muy grande, no sabe cómo tratar a las mujeres de tu país.

¿Qué consejos le darías?

CASOS PRÁCTICOS DE NEGOCIOS

Los alumnos deben vender, comprar y negociar los precios y formas de pago. Es aconsejable haber tratado antes vocabulario relacionado con los negocios. El profesor actúa de moderador entre el comprador y el vendedor.

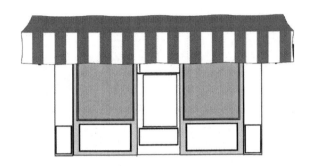

Diriges un negocio familiar desde hace años, una tienda de muebles. Es un poco vieja y no le vendría mal una renovación, hace dos años abrieron a escasos metros de tu tienda un gigantesco IKEA, tus ventas han bajado considerablemente desde entonces.

Por la puerta entra un cliente, está interesado en una gran cantidad de muebles para una escuela, es una venta que podría salvar tu negocio. Sabes que este hombre ha estado antes en IKEA pidiendo presupuesto porque lleva una carpeta con su logo.

Hazle una oferta que no pueda rechazar, ¿qué puedes ofrecerle tú que no pueda darle IKEA?, el negocio de tu familia depende de ti.

APOCALIPSIS ZOMBI

Durante una clase temática sobre zombis, podemos plantear las siguientes situaciones.

1. Un pequeño accidente ha causado un desastre mundial, hay zombis por todas partes. Tenemos que escondernos, necesitamos encontrar un lugar seguro. ¿Dónde vamos?

2. No sabemos cuánto tiempo va a durar esta situación y necesitamos sobrevivir durante varios días. ¿Qué 5 cosas son imprescindibles?

3. Estamos solos, pero es posible que haya más supervivientes. ¿Qué podemos hacer para encontrarlos?

4. Hemos escuchado un mensaje de radio, dice que el ejército ha creado una zona segura a 400 kilómetros de donde nosotros estamos ahora. ¿Cuál sería la forma más segura de ir hasta allí?

5. Hay que atravesar una calle llena de zombis, no parecen ser muy simpáticos. ¿Cómo podemos pasar sin que nos vean?

PLANIFICAR LA CREACIÓN DE UNA EMPRESA

En grupos o de forma individual, los alumnos deben crear un plan de negocio.

¿Qué tipo de empresa es?
¿Qué producto ofrece?
¿A qué público está dirigida?
¿Existe competencia?
¿Cuánto dinero necesitas invertir?
¿Cuántos empleados necesitas?
¿Cómo publicitarás tu empresa?
¿Qué gastos tendrá tu empresa?
¿Cuánto beneficio estimas que generará tu empresa?
¿Cuánto tiempo necesitarás para recuperar la inversión inicial?
¿Puedes beneficiarte de alguna ayuda estatal?
¿La empresa requerirá de investigación y desarrollo tecnológico?
¿Corres el riesgo de sufrir ataques por parte de la competencia?

Ahora realiza un análisis DAFO de tu futura empresa:

Debilidades	Amenazas
Fortalezas	**Oportunidades**

PREGUNTAS TEMÁTICAS

Se trata un tema en clase, se lee un texto, después se realiza una ronda de preguntas abiertas. Los alumnos deben extenderse en su respuesta, cada una de ellas puede servirnos para originar una conversación o un pequeño debate.

Ejemplos:

FUTURO

¿Qué opinas sobre los coches sin conductor?
¿Cuál crees que será el dinero del futuro?
Si un robot substituye a un trabajador en un puesto de trabajo, ¿este robot debería pagar impuestos?
¿Si tuvieses una máquina del tiempo, qué harías con ella?
¿Crees que hay vida fuera de la tierra? ¿Cómo la imaginas?
¿Cómo sería la vida con robots inteligentes en las casas?

INTERNET

¿Para qué utilizas Internet normalmente?
¿Cuáles son las ventajas y desventajas de Internet?
¿Qué consejos me darías para utilizar la red de manera segura?
¿Sueles comprar cosas por Internet?
¿Utilizas Internet para aprender español?
¿Cómo crees que se podría mejorar Internet?

PROBLEMAS DE AMIGOS

Se trabaja en parejas, uno tiene un problema y su compañero debe tratar de ayudarle. Para ello puede darle consejos o contarle experiencias personales sobre el tema.

El fin de semana estuve en la casa de mi mejor amiga, Ana, y con su novio. Ana tuvo que ir a la tienda a comprar unas cosas y su novio en ese momento me dijo que se sentía muy atraído por mí y que le gustaría empezar algo conmigo.

La verdad es que yo siempre he sentido algo por él, pero me da miedo perder la amistad con mi amiga. ¿Qué hago?

Vivo con mis padres y ellos pagan mis estudios. Un amigo mío ha empezado a trabajar en una fábrica y está ganando bastante dinero, incluso se ha comprado una moto. Yo he pensado en dejar los estudios y trabajar con él. Ayer discutí con mis padres sobre el tema, ellos piensan que no es una buena idea, pero yo quiero independencia, incluso he pensado en irme de casa de mis padres.

¿Tú qué harías?

Vivo con un hombre divorciado que tiene dos hijos. Es bastante mayor que yo, pero somos muy felices. A mi familia no le gusta mucho. Él quiere que nos casemos y no sé qué hacer.

Si me caso, tendré que renunciar a mi sueño de tener hijos porque él no quiere más. Si no me caso, estoy segura de que lo perderé.

¿QUÉ HORA ES?

El profesor debe recortar las tablas y repartirlas. Se trabaja en parejas, los alumnos deben preguntarse entre sí para completar las tablas.

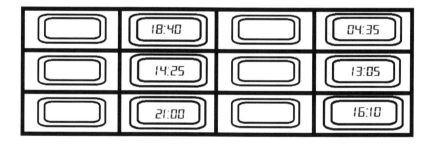

LA FIESTA

Los alumnos deben responder a cada uno de los puntos.

1. Vamos a organizar la mejor fiesta de la historia. ¿Dónde va a ser? ¿A quién vamos a invitar? ¿Qué vamos a comprar? ¿Qué música vamos a poner? Reparte entre las personas de la clase el trabajo para organizar la fiesta.

2. La fiesta es increíble, todo el mundo está disfrutando mucho. Suena el timbre, miras por la ventana y ves que la policía está en la calle. ¿Qué haces?

3. Tu mejor amigo está muy borracho y quiere saltar por la ventana porque piensa que puede volar. ¿Qué haces?

4. Ahora el borracho quiere bailar contigo, dice que incluso quiere casarse contigo. ¿Qué haces?

5. Dos amigos tuyos se pelean por la música, cada uno de ellos quiere escuchar algo diferente. ¿Qué haces?

6. Diez personas quieren dormir en tu casa, pero solo tienes dos camas pequeñas, una de matrimonio y un sofá. ¿Qué haces?

7. La fiesta ha terminado, ahora solo falta limpiar la casa que parece un auténtico campo de batalla. Organiza la limpieza con tus compañeros.

LA PELÍCULA

Se debe ordenar cronológicamente la tabla para formar la típica comedia romántica americana.

	Beso y final feliz.
	Chico y chica se enamoran.
	Chica se enfada con chico.
	Chico conoce a chica.
	Chico hace algo muy especial.
	Chico y chica son muy felices.
	Chica perdona al chico.

A continuación, los alumnos deben crear su propia película. Para ello deberán elegir:

Público objetivo:
Título:
Género:
Personaje 1:
Características personaje 1:
Personaje 2:
Características personaje 2:
Personaje 3:
Características personaje 3:
Escenarios:
Tipo de vestuario:
Tipo de música:

¿VERDAD O MENTIRA?

Primero se leen algunas frases sobre personajes famosos, los alumnos deben adivinar si son verdaderas o falsas. Después cada alumno debe escribir 5 frases sobre su vida, pueden ser verdaderas o falsas, el resto de compañeros deben adivinar. Es un buen ejercicio para los primeros días de clase, pues ayuda a conocerse y a integrarse en el grupo.

Ejemplo:

¿Las siguientes frases son verdaderas o falsas?
1. Johnny Depp colecciona Barbies.
2. Cristiano Ronaldo vive con sus padres.
3. George Washington era español.
4. Arnold Schwarzenegger es alemán.
5. Napoleón tenía miedo a los gatos.

Soluciones: 1-V, 2-F, 3-F, 4-F, 5-V

Ahora cada alumno debe escribir 5 frases sobre su vida, el resto debe decir si son verdaderas o falsas.

1. Tengo dos perros y un gato.
2. Me gusta bailar salsa.
3. No me gustan los helados de chocolate.
4. Juego al fútbol todos los domingos.
5. Tengo una hermana.

¿CUÁNTO CUESTA?

Se trabaja en parejas, cada persona recibe una tabla que debe completar sin mirar la de su compañero y formulando la pregunta:
¿Cuánto cuesta el/la ...?

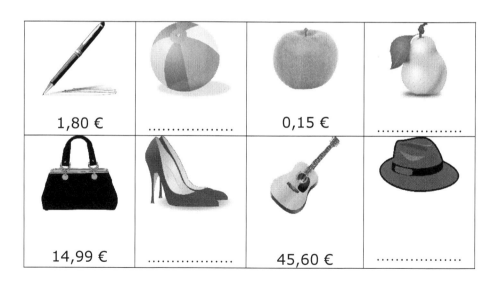

TABÚ

El clásico juego en el que una persona trata de explicar una palabra y el resto debe adivinarla. Se puede adaptar a todos los niveles, para los más avanzados se pueden añadir palabras prohibidas para cada tarjeta.

MESA	SILLA	INTERNET	RATÓN
GAFAS	BOLSO	ZAPATOS	PARAGUAS
PUERTA	TIJERAS	NEVERA	MOCHILA
AVIÓN	FUEGO	LLUVIA	VASO

DESCRIBIR Y DIBUJAR

Un alumno debe describir una imagen al resto de sus compañeros, ellos deben dibujar lo que entiendan. Gracias a este ejercicio se puede aprender a explicar dónde están localizados los objetos.

Ejemplo:

"En el centro del dibujo hay una casa, arriba a la izquierda hay un avión, delante de la casa hay un coche…"

¿CÓMO PUEDO IR A...?

Utilizando Google Maps le pediremos a nuestros estudiantes que nos indiquen cómo llegar a restaurantes, cafeterías u otros lugares cercanos.

Sigue todo recto.
En la primera calle / en la segunda calle / en la tercera calle...
En el primer semáforo / en el segundo semáforo / en el tercer semáforo...
En el primer cruce / en el segundo cruce / en el tercer cruce...
Gira a la derecha / gira a la izquierda.
El restaurante está al lado del museo.

CANCIONES

Un tipo de ejercicio que gusta a todo el mundo, perfecto para finalizar una clase o para motivar a los estudiantes.

En ocasiones podemos preguntar a nuestros alumnos por sus artistas preferidos y sorprenderles con una clase temática sobre ellos.

Canción del Mariachi, Antonio Banderas

Soy un hombre muy honrado
Que me gusta lo mejor
Las mujeres no me faltan
Ni el dinero ni el (1)....................

Jineteando en mi caballo
Por la sierra yo me voy
Las estrellas y la (2)....................
Ellas me dicen donde voy

Ay, ay, ay ay,
Ay ay mi amor
Ay mi (3)....................
De mi corazón

Me gusta tocar (4)....................
Me gusta cantar al son
El mariachi me acompaña
Cuando canto mi (5)....................

Me gusta tomar mis copas
Aguardiente es lo mejor
También el tequila (6)....................
Con su sal le da sabor

Ay, ay, ay ay,
Ay ay mi amor
Ay mi morena
De mi (7)....................

Soluciones: 1 amor, 2 luna, 3 morena, 4 guitarra, 5 canción, 6 blanco,
7 corazón

"La Camisa Negra" Juanes

Tengo la (1)..................... negra
hoy mi amor está de luto
Hoy (2)..................... en el alma una pena
y es por culpa de tu embrujo
Hoy sé que tú ya no me (3).....................
y eso es lo que más me hiere
que tengo la camisa negra
y una pena que me (4).....................
Mal parece que solo me quedé
y fue pura todita tu (5).....................
que maldita mala suerte la mía
que aquel (6)..................... te encontré
Por beber del veneno malevo de tu (7).....................
yo quedé moribundo y lleno de dolor
respiré de ese humo amargo de tu adiós
y desde que tú te fuiste yo solo (8).....................
Tengo la camisa negra
porque negra tengo el alma
yo por ti perdí la calma
y casi pierdo hasta mi (9).....................
Cama cama come on baby
te digo con disimulo
Tengo la (10).....................negra
y debajo tengo el difunto
Tengo la camisa negra
ya tu (11)..................... no me interesa
lo que ayer me supo a gloria
hoy me sabe a pura
(12)..................... por la tarde y tú que no llegas
ni siquiera muestras señas
y yo con la camisa negra
y tus maletas en la (13).....................

Soluciones: 1 camisa, 2 tengo, 3 quieres, 4 duele, 5 mentira, 6 día, 7 amor,
8 tengo, 9 cama, 10 camisa, 11 amor, 12 miércoles, 13 puerta

Agosto, Álvaro Soler

Nunca al (1)................ por la orilla en agosto
Hizo pensar que te fueras con otro
Ya no (2)................ más desde que te has ido
Aunque no estés, no te vas al olvido
Era una historia de amor
Pero ahora ya sólo siento (3)................

¿Dónde estarás? ¿Cuál tu camino?
Sin ti me siento un clandestino
(4)................ yo vaya veo tu rostro
Es un eterno, eterno agosto
Eterno, eterno agosto
Es un eterno, eterno (5)................
Donde yo vaya veo tu rostro
Es un eterno, eterno agosto

Sé que ahora ya no sabes ni quien era
Tengo el calor de los pies en la (6)................
Eras tú mi luz cuando yo me perdía
(7)................ sentí que tú me protegías

Siempre estaré (8)................ por ti
Da igual donde estés
Yo quiero hacerte (9)................

*Estribillo

Y ya no vas a volver, no
Y no hay más que (10)................, no
Y ahora solo, ahora solo quedo yo

*Estribillo

Soluciones: 1 pasear, 2 puedo, 3 dolor, 4 donde, 5 agosto, 6 arena, 7 siempre, 8 aquí, 9 feliz, 10 hacer.

Color esperanza, Diego Torres

Sé que hay en tus (1)............ con solo mirar
que estás cansado de andar y de andar
y caminar girando (2)............ en un lugar

Sé que las (3)............ se pueden abrir
cambiar el aire depende de ti
te ayudará, vale la pena una vez más

Saber que se (4)............,
querer que se pueda
quitarse los miedos sacarlos afuera
pintarse la cara (5)............ esperanza
tentar al futuro con el corazón

Es mejor perderse que (6)............ embarcar
mejor tentarse a dejar de intentar
aunque ya ves que no es tan fácil (7)............

Sé que lo imposible se puede lograr
que la tristeza algún (8)............ se irá
y así será, la vida (9)............ y cambiará

Sentirás que el alma vuela
por cantar una (10)............ más.

*Estribillo

Soluciones: 1 ojos, 2 siempre, 3 ventanas, 4 puede, 5 color,
6 nunca, 7 empezar, 8 día, 9 cambia, 10 vez.

Reina del Pop, La Oreja de Van Goth

(1)……………………… talento y cultura,
manos bonitas y (2)………………………… francés.
Cantas, actúas y pintas,
(3)……………………… poemas, todo lo haces bien.
Has nacido artista, lo (4)………………………………,
se te nota en la cara
tienes (5)……………………… poder.
Firma aquí abajo y verás
cómo cambia tu vida,
es muy (6)……………………… ganar.
Eres la (7)………………… del pop,
una diva sin nombre, un montón de ilusión.
Eres facturas y alcohol,
una (8)……………………… borrosa,
una flor sin olor.
Piensa en qué vas a (9)…………………………
todo ese dinero que vas a ganar.
No (10)……………………. cuánto te admiro,
te aplaudo, te miro y te (11)……………………… también.
Nunca olvides quién te (12)………………………………,
quién estuvo contigo, quién te (13)…………………………….
No dejes que nadie al pasar
te mire a los ojos, tú (14)……………………… mandar.

Corazón espinado, Maná y Santana

Esa mujer me está matando
Me ha espinado el (1)………………….
Por más que trato de olvidarla
Mi alma no da razón
Mi corazón aplastado
molido y abandonado
A ver a ver, tú sabes, dime mi (2)…………………..
cuanto amor y que dolor nos quedó

Ah ah ay corazón espinado
como duele, me (3)…………………. mamá
Ah ah ay como me duele el amor

Como duele, como (4)…………………….el corazón
Cuando no es bien entregado
Pero no olvides (5)…………………. que algún día dirás
ay ay ay como me duele el amor
Como me duele el (6)…………………….
Como duele el corazón
Como me duele estar (7)………………….
Si tenerte a un lado amor

Corazón espinado (x4)

Colgando en tus manos,
Carlos Baute y Marta Sánchez

Quizá no fue coincidencia encontrarme (1)...................
Tal vez esto lo hizo el destino
Quiero (2).................. de nuevo en tu pecho
Y después me despierten tus besos

Tu sexto sentido (3).................. conmigo
Sé que pronto estaremos unidos
Esa (4).................. traviesa que vive conmigo
Sé que pronto estaré en tu camino

Sabes que estoy colgando en tus manos
Así que no me dejes (5)..................
Sabes que estoy colgando en tus manos
Te (6).............. poemas de mi puño y letra
Te envío canciones de 4 40
Te envío las fotos (7).................. en Marbella
Y cuando estuvimos por Venezuela
Y así me recuerdes y tengas (8)..................
Que mi corazón está colgando en tus manos
Cuidado, cuidado
Que mi corazón está colgando en tus manos

No perderé la (9).................. de hablar contigo
No me importa qué dice el destino
Quiero tener tu (10).................. conmigo
Y beberme de ti lo prohibido

*Estribillo

Soluciones: 1 contigo, 2 dormirme, 3 sueña, 4 sonrisa, 5 caer, 6 envío, 7 cenando, 8 presente, 9 esperanza, 10 fragancia

---

Fito y Fitipaldis, Soldadito marinero

Él camina despacito que las prisas no son (1)..............,
en su brazo dobladita con cuidado la chaqueta.
Luego pasa por la (2).............., donde los chavales juegan,
él también quiso ser niño pero le pilló la guerra.

Soldadito marinero conociste a una (3)..............,
de esas que dicen te quiero si ven la cartera llena.
escogiste a la más (4).............., y a la menos buena,
sin saber cómo ha venido te ha cogido la tormenta

Él quería cruzar los mares y (5).............. a su sirena,
la verdad no fue difícil cuando conoció a Mariela,
que tenía los ojos (6).............. y el negocio entre las piernas.
¡Ay que ver que puntería no te arrimas a una (7)..............!

Soldadito marinero (8).............. a una sirena
de esas que dicen te quiero si ven la cartera llena.
escogiste a la más guapa, y a la (9).............. buena,
sin saber cómo ha venido te ha cogido la tormenta

Después de un invierno malo, una mala (10)..............,
dime porqué estás (11).............. una lágrima en la arena.

Cuando me siento bien, Efecto pasillo

Cuando Me Siento Bien la sartén no se pega,
Me sale la tortilla redondita, (1)....................
El frío es una excusa "pa" abrazarte más,
si la casa está muy (2).................... nos vamos a un hostal.
Me siento bien, la música me inspira, merengue, bachata y tu voz
de dormida.
Con cuatro (3).................... te hago una poesía, enciendo la noche y
alargo los días.
Soy capaz de leerte la mente, arreglar los problemas de toda la
(4)....................
Voy cantando las vueltas del mundo, en solo un segundo le
prendo la luz al sol.
Te doy mi (5).................... y te cambia la vida.
Hoy tu lotería voy a ser yo. Voy a ser yo...
Qué (6).................... tenerte cuando amanece y me dices te quiero.
Quererte tan (7).................... que tiemble de emoción el universo.
Cuando me siento bien (8).................... donde sea, pinto los
semáforos de verde siempre.
Regalando suerte "pa" que tengas un gran día, yo soy licenciado
en amor y (9)....................
Me siento bien, me huele a primavera, menta cilantro y tu piel de
canela.
Todo lo bonito que hay en una (10).................... entera, ya te lo
consigo "pa" que tú me quieras.
Soy capaz de leerte la mente, arreglar los problemas de toda la
gente.
Voy cantando las vueltas del (11).................... , en solo un segundo
le prendo la luz al sol.
Te doy mi sonrisa y te cambia la vida.
Hoy tu (12).................... voy a ser yo. Voy a ser yo...
*Estribillo
Puedo volar, desaparecer, colarme en tus sueños,
(13).................... y cocer.
Abracadabra, me ves, no me ves. Un genio sin lámpara.
Hoy deseo ser veinte veces más fuerte que tú y veloz.
Yo siempre estoy de (14).................... humor.

Soluciones: 1 perfecta, 2 sucia, 3 palabras, 4 gente, 5 sonrisa, 6 suerte, 7 fuerte,
8 aparco, 9 alegría, 10 vida, 11 mundo, 12 lotería, 13 cantar, 14 buen

Hablando en plata, Melendi

Hablando en (1)............ , soñando en (2)............
Subiendo al cielo, (3)................ al moro
CDs piratas , chinos con (4)................
Cuentos de hadas, un funeral y (5)................ bodas.

Me burlé en la cara de la ironía,
con todas las vueltas que da la (6)................
vi reírse a la tristeza, y vi muy (7)................ a la más fea
Y no es siempre es mejor lo bueno y lo malo,
lo (8)................
y digo la verdad si miento,
cuando miento por (9)................ .

*Estribillo.

Ya no sé si es el (10)................ que va muy deprisa
o voy yo muy despacio y nadie me avisa
Si algo que (11)................ vuelve a bajar
si algo mojado se puede (12)................
Yo ya no río si estoy contento, ya no lloro por el dolor
ya no sé si estoy (13)............... o dentro del radar de tu
corazón

*Estribillo

Me he creído lo (14)................ ,
he desmentido lo que vi
y ya no digo lo que (15)................ ,
porque solo pienso en ti.

Soluciones: 1 plata, 2 oro, 3 bajando, 4 rosas, 5 cuatro, 6 vida, 7 guapa,
8 peor, 9 amor, 10 tiempo, 11 sube, 12 secar, 13 fuera, 14 increíble, 15 pienso

Yo pienso en aquella tarde, Pereza

Yo que soy un animal,
Que no (1)............... de nada,
Que todo me sale mal.
Te tuve 100 días (2)............... de mi cama,
No te supe aprovechar.

Ando perdido (3)............... que estás sola
Y pude haber sido tu abrigo
Cuelgo de un hilo, rebaño las sobras
Que aún quedan de tu (4)...............

Yo que me (5)............... aliviar
Escribiéndote un tema
Diciéndote la (6)...............
Cumplo condena por ese mal día
Haberte dejado marchar.

Yo pienso en aquella (7)...............
Cuando me arrepentí de todo.
Daría, todo lo daría
Por estar (8)............... y no sentirme sólo.

A ti que te supo tan (9)...............
Que yo me encariñara con esa facilidad,
Y me emborrachara los días
Que tú no (10)............... que trabajar.

Era un domingo llegaba (11)...............
de tres días comiendo el mundo.
Todo se acaba dijiste mirándome
Que ya no estábamos (12)...............

Soluciones: 1 entiendo, 2 dentro, 3 pensando, 4 cariño, 5 quiero, 6 verdad,
7 tarde, 8 contigo, 9 mal, 10 tenías, 11 después, 12 juntos

Hijo de la luna, Mecano

(1)............... el que no entienda, cuenta una leyenda
Que una hembra gitana
Conjuró a la luna hasta el (2)...............
Llorando pedía al llegar el día desposar un calé
"Tendrás a tu (3)..............., piel morena,"
Desde el cielo habló la luna llena
Pero a cambio (4)............... el hijo primero
Que le engendres a él.
Que quien su (5)............... inmola para no estar sola,
poco le iba a querer

Luna, quieres ser madre no encuentras querer
que te haga (6)............... Dime, luna de plata
¿qué pretendes hacer con un niño de piel?
(7)............... de la luna

De padre canela nació un (8)...............,
blanco como el lomo de un armiño
Con los (9)...............grises en vez de aceituna
Niño albino de luna. Maldita su estampa, este (10)............... es de un
payo y yo no me lo cayo

*Estribillo

Gitano al creerse deshonrado se fue a su mujer, (11)............... en
mano
¿De quién es el hijo? Me has engañado fijo
Y de (12)............... la hirió
Luego se hizo al monte con el niño en brazos
Y allí le (13)...............

*Estribillo

Y las (14)............... que haya luna llena
Será porque el niño esté de buenas
Y si el niño (15)............... menguará la luna
Para hacerle una cuna
Y si el niño llora menguará la (16)...............
Para hacerle una cuna

Soluciones: 1 Tonto, 2 amanecer, 3 hombre, 4 quiero, 5 hijo, 6 mujer, 7 hijo, 8 niño,
9 ojos, 10 hijo, 11 cuchillo, 12 muerte, 13 abandonó, 14 noches, 15 llora, 16 luna

Donde duele inspira, Rafael Lechowski

Oh dios me estoy matando, bebiendo y fumando,
engañando al tiempo para soñar despierto y morir (1)....................
Apenas veo el cielo con el humo de las fábricas,
ni oigo a mi conciencia con el ruido de las máquinas.
Pero sé lo que hay bajo esas gafas de sol en (2)....................,
problemas y una mujer que no se defiende, todavía no ha amanecido
ni nada parecido,
pero un ángel aguarda en la (3)................... del bus para traer algo a
su nido.
Puedo creerme Dios si escribo un nuevo verso,
pero dime quien soy yo en proporción al (4)....................
Y así descendí de la nube en la que vivía, y aprendí que para mí la
rutina no es monotonía.
Vivo en un mundo en el que la libertad tiene (5)...................,
procura que tus palabras sean mejores que el silencio.
Y cuando mi alma está (6).................. y nada me alegra tía,
no hay lágrima en mis ojos pero lloro todos los días.
Mi canto es de dolor como el de un (7).................. enjaulado,
apenas distingo el olor desde aquí al parque de al lado.
Era más feliz cuando era un crío ignorante,
ya bueno, como todos, pero ya no todo es como (8)...................
Sé que mi defecto es pasajero,
pero también sé que no vivir para siempre representa al mundo
entero.
Y somos héroes de la clase obrera el villano es el (9)...................,
esclavo laboral al borde del aburrimiento.
Soy un alquimista mortal sin miedo a la (10)...................,
escribo versos de oro cuando muera vendré a verte.
Desde el infierno terrenal hasta mi cielo subterráneo,
planeo a ras del océano sin temor a hacerme daño.
Mi musa es una brisa de humo gris, (11)................... al mundo entero
pero solo creo en mí.
Poeta y dramaturgo, taciturno de la urbe,
(12).................. nubes de humo con los dos dedos en V.
El sol se precipita sobre el horizonte, una nueva cita con mi musa y
no sé (13)...................
Educad a los niños para no castigar a los hombres,
comprometido con el arte pobre diablo muerto de hambre.
Para ver el arco iris has de soportar la (14)...................,
y yo siempre torturándome para ver si algo me alivia.
Grítame grita miel grítame vuelvo a mi cripta, el tic tac dicta.

Soluciones: 1 soñando, 2 diciembre, 3 parada, 4 universo, 5 precio, 6 negra, 7 pájaro,
8 antes, 9 tiempo, 10 muerte, 11 represento, 12 dibujando, 13 dónde, 14 lluvia

Pan y Mantequilla, Efecto pasillo

Camina, cada paso tuyo a mí me contamina,
mueve las caderas como (1).........................,
cintura divina, te comería con pan y mantequilla.
Candela, un par de chupitos de ron-miel y velas
Una caja llena con mil (2).........................
que vienen, que vuelan,
solo quiero un poquito de tu vida entera,
de tu vida entera.

Y yo, subo escalón a escalón,
quiero (3)......................... el cielo azul, el cielo azul.
Y tú, buscas tras cada canción
la sensación que te haga (4).........................,
que te haga vivir.

Contempla, girasoles, (5)......................... y azucenas
quieren parecerse un poquito a ti apenas,
qué más quisieran.
Tan solo a ti te riego yo, mi sirena.
Eres aire fresco que (6)......................... la cometa,
una bala sorpresa sin Rusia ni ruleta,
una carpeta con letras de poetas,
entre verso y verso
pétalos de (7)......................... secas.

Y yo, (8)......................... escalón a escalón,
quiero tocar el cielo azul, el cielo azul.
Y tú, (9)......................... tras cada canción
la sensación que te haga sentir
que te haga (10).........................

Soluciones: 1 gelatina, 2 primaveras, 3 tocar, 4 sentir, 5 margaritas,
6 vuela, 7 rosas, 8 subo, 9 buscas, 10 vivir

ORDENAR LAS TARJETAS

Otra opción es imprimir la letra de la canción separada en tarjetas, los alumnos las deben ordenar mientras escuchan la canción. Este ejercicio está muy bien para los grupos de niños.

Despacito, Luis Fonsi

Sí, sabes que ya llevo un rato mirándote
Tengo que bailar contigo hoy
Vi que tu mirada ya estaba llamándome
Muéstrame el camino que yo voy

Tú, tú eres el imán y yo soy el metal
Me voy acercando y voy armando el plan
Solo con pensarlo se acelera el pulso

Ya, ya me está gustando más de lo normal
Todos mis sentidos van pidiendo más
Esto hay que tomarlo sin ningún apuro

Despacito
Quiero respirar tu cuello despacito
Deja que te diga cosas al oído
Para que te acuerdes si no estás conmigo

Despacito
Quiero desnudarte a besos despacito
Firmo en las paredes de tu laberinto
Y hacer de tu cuerpo todo un manuscrito

Quiero ver bailar tu pelo
Quiero ser tu ritmo
Que le enseñes a mi boca
Tus lugares favoritos

Déjame sobrepasar tus zonas de peligro
Hasta provocar tus gritos
Y que olvides tu apellido

Si te pido un beso ven dámelo
Yo sé que estás pensándolo
Llevo tiempo intentándolo
Mami, esto es dando y dándolo
Sabes que tu corazón conmigo te hace bom, bom
Sabes que esa beba está buscando de mi bom, bom
Ven prueba de mi boca para ver cómo te sabe
Quiero, quiero, quiero ver cuánto amor a ti te cabe
Yo no tengo prisa, yo me quiero dar el viaje
Empecemos lento, después salvaje

Pasito a pasito, suave suavecito
Nos vamos pegando poquito a poquito
Cuando tú me besas con esa destreza
Veo que eres malicia con delicadeza

GRAMÁTICA

La gramática es necesaria para poder estructurar correctamente las oraciones, sin embargo, puede resultar un poco aburrida para algunos estudiantes.

Para hacer que resulte más interesante para los más jóvenes conviene esconder los ejercicios más pesados de gramática en temáticas que les interesen (Star Wars, deportes, Pokemon, juegos, viajes, series de televisión etc)

TABLA COMPARACIÓN TIEMPOS

Se deben rellenar los huecos vacíos. Al formar las mismas frases en diferentes tiempos el alumno aprenderá a diferenciarlos, este ejercicio se puede adaptar a todos los niveles.

PRESENTE	FUTURO
Yo como en casa	1.
2.	Tú vas a viajar a España
Normalmente estudio los lunes	3.
4.	Mañana voy a ver una película
Nosotros desayunamos a las 9:00	5.
6.	El sábado vamos a comprar una moto
Los viernes tengo clases de inglés	7.
8.	¿Qué vas a hacer mañana?

Soluciones:

1. Yo voy a comer en casa
2. Tú viajas a España
3. Voy a estudiar los lunes
4. Yo veo una película
5. Nosotros vamos a desayunar a las 9:00
6. Compramos una moto
7. Voy a tener clases de inglés
8. ¿Qué haces?

TABLA COMPARACIÓN TIEMPOS

Otro ejemplo del mismo ejercicio, en esta ocasión para practicar el pretérito indefinido.

PRESENTE	PRETÉRITO INDEFINIDO
Hoy como en casa.	Ayer...
Ahora...	**El sábado estuve con Marta.**
Fran juega con mis primos.	El martes pasado...
Todos los días...	**Ayer visité a mis abuelos.**
Hoy vamos al cine.	El domingo...
Este año...	**El año pasado me casé.**
Mi hijo estudia inglés.	Mi hijo...
Hoy...	**Ayer comimos con sus padres.**
Ellos beben mucho.	El sábado, ellos...

ORDENAR PALABRAS PARA FORMAR FRASES

Este ejercicio está bien en los niveles iniciales o para practicar las oraciones condicionales, gracias a él los alumnos aprenderán a estructurar bien las frases.

1. (mesa, La, grande, es)

....

2. (de, Marcos, Mañana, a, voy, casa)

....

3. (perro, está, Mi, enfermo)

....

4. (Madrid, en, Luisa, vive)

....

5. (hace, Si, vamos, frío, no)

....

Soluciones:

1. La mesa es grande.
2. Mañana voy a casa de Marcos.
3. Mi perro está enfermo.
4. Luisa vive en Madrid.
5. Si hace frío no vamos.

FORMAR FRASES

Este ejercicio está bien para fomentar la creatividad, los alumnos deben escribir frases utilizando las palabras que el profesor les da.

1. (casa, verano)

....

2. (frío, nariz)

....

3. (perro, gato)

....

4. (español, verde, playa)

....

5. (chica, zapatos, lago)

....

Posibles soluciones:

1. En verano siempre voy a casa de mis tíos.
2. Cuando hace frío mi nariz se pone de color rojo.
3. Mi perro siempre se pelea con el gato de la vecina.
4. Mi amigo español siempre va a la playa con una sombrilla verde.
5. Ayer encontré unos zapatos de chica en el lago.

CONJUGAR VERBOS Y COMBINAR CON HORAS

Podemos pedirles a nuestros alumnos que conjuguen los verbos en presente, pasado o futuro y que, de paso, repasen las horas.

1. (08:15) desayunar

....

2. (08:30) ir en bici a la universidad

....

3. (08:45) entrar a clase de español

....

4. (17:00) estudiar los verbos

....

5. (14:00) comer en casa con mi familia

....

Posibles soluciones:

1. Yo todos los días desayuno a las ocho y cuarto.
2. Ayer fui a la universidad en bici a las ocho y media.
3. A las nueve menos cuarto entré a la clase de español.
4. Vamos a estudiar los verbos a las cinco de la tarde.
5. Siempre como en casa con mi familia a las dos.

EJERCICIOS TIPO TEST

Suelen ser más entretenidos y rápidos de realizar, van bien para todos los niveles.

NIVEL A1

1. Parece que ahora está ....
a) llover   b) lloviendo   c) llueve

2. Me gusta mucho ....
a) pasear   b) paseando   c) paseo

3. Mañana .... va a salir con ella.
a) yo   b) él   c) tú

4. Mis padres .... en una fábrica.
a) trabajáis   b) trabajan   c) trabajamos

5. Mi primo es .... mi hermana.
a) más alto que   b) más alto quien   c) más alto

6. Esta ciudad es .... agradable.
a) mucha   b) mucho   c) muy

7. En mi casa todos .... levantamos temprano.
a) os   b) me   c) nos

8. ¿.................... flores hay en este jardín?
a) Cuántas   b) Cuántos   c) Cuándo

Soluciones: 1-b, 2-a, 3-b, 4-b, 5-a, 6-c, 7-c, 8-a

EJERCICIOS TIPO TEST

NIVEL A2

Aparecen los tiempos pasados.

1. Yo nunca .... (viajar) a los Estados Unidos
a) viajando   b) he viajado   c) viajé

2. Ayer yo no .... (ir) a la fiesta de Marta.
a) fui   b) voy   c) he ido

3. Yo .... (nacer) en el año 1988.
a) nací   b) nazco   c) voy a nacer

4. La semana pasada .... (estar) en casa de mi amigo Ramón.
a) he estado   b) estuve   c) estoy

5. Ayer, después del partido, yo .... (ir) a visitar a Pedro.
a) he ido   b) fui   c) voy

6. ¿Qué .... (hacer) ayer por la tarde?
a) hiciste   b) has hecho   c) haces

7. Cuando .... pequeño jugaba con mis amigos.
a) era   b) fui   c) estaba

8. El sábado pasado .... (visitar) a Marta.
a) he visitado   b) voy a visitar   c) visité

Soluciones: 1-b, 2-b, 3-a, 4-b, 5-b, 6-a, 7-a, 8-c

EJERCICIOS TIPO TEST

NIVEL B1

Aparecen los tiempos futuro, condicional y subjuntivo.

1. Cuando .... de mi viaje, te llamaré.
a) vuelva   b) vuelvo   c) volveré

2. Si vienes, te ....
a) diviertas   b) divertirás   c) diviértete

3. Espero que .... ese problema.
a) resuelves   b) resuelvas   c) resolviste

4. .... hace calor, iremos a la piscina.
a) Si   b) Sin   c) Así

5. Te voy a dar un consejo: .... beber más zumos naturales.
a) tendrías   b) tienes   c) deberías

6. Estaré esperándote en el cine; cuando ...., llámame.
a) llegues   b) llegaste   c) llegarás

7. Siempre te digo que .... a mi casa, pero nunca vienes.
a) vienes   b) vengas   c) ven

8. No he visto a nadie que .... abrigo hoy, no debe hacer frío.
a) lleve   b) lleva   c) llevará

Soluciones: 1-a, 2-b, 3-b, 4-a, 5-c, 6-a, 7-b, 8-a

EJERCICIOS TIPO TEST

NIVEL B2

(!) Aparecen el pretérito perfecto y el imperfecto de subjuntivo, así como el pluscuamperfecto y el futuro perfecto de indicativo.

1. Si .... (tener) tiempo, te ayudaría a limpiar.
a) tengo　　　　　b) tuve　　　　　c) tuviera

2. Cuando haya terminado mis exámenes, ... (tener) noticias de mí.
a) tendrás　　　　b) tienes　　　　c) tengas

3. No conocía a nadie que .... (poder) ganarle.
a) puede　　　　　b) pueda　　　　　c) pudiera

4. ¡Qué raro! Miguel todavía no ha llegado, ... (perderse) de camino.
a) se pierde　　　b) se perderá　　c) se habrá perdido

5. Anoche soñé .... mi abuela.
a) de　　　　　　　b) con　　　　　　c) en

6. Ayer, cuando llegué a casa, Pablo ya .... (hacer) la cena.
a) habrá hecho　　b) había hecho　　c) hará

7. El año que viene .... (ir) a España con una beca.
a) iré　　　　　　　b) fui　　　　　　c) iba

8. Quiero que me .... (llamar) lo antes posible.
a) llamarás　　　　b) llames　　　　c) llamas

Soluciones: 1-c, 2-a, 3-c, 4-c, 5-b, 6-b, 7-a, 8-b

EJERCICIOS TIPO TEST

NIVEL C1

Aparece el pluscuamperfecto de subjuntivo.

1. Quería un libro que .... (estar) en español.
a) estuviera   b) esté   c) está

2. Si .... en China, tendrías los ojos pequeños.
a) naces   b) hubieras nacido   c) naciste

3. Conduciré yo, ... prefieras hacerlo tú.
 a) si no   b) salvo que   c) excepto si

4. Yo creo que a Carlos no le gustó nada que .... a su casa sin avisar.
a) fuéramos   b) hemos ido   c) iremos

5. Espero que mi equipo .... (ganar) el partido.
a) gana   b) haya ganado   c) ha ganado

6. Si no .... (asistir) a aquella reunión, no habría conocido a tu madre.
a) asistí   b) hubiera asistido   c) asistiera

7. ¿Quién .... pan si yo no lo hubiera hecho?
a) compró   b) habría comprado   c) comprará

8. Me gustaría que .... (sonreír, tú) de vez en cuando.
a) sonríes   b) sonreíste   c) sonrieras

Soluciones: 1-a, 2-b, 3-b, 4-a, 5-b, 6-b, 7-b, 8-c

TEST TEMÁTICO "EL SEÑOR DE LOS ANILLOS"

Si a nuestros estudiantes les interesa esta película realizarán los ejercicios de gramática de buena gana. Simplemente hay que utilizar los nombres de los personajes de la película.

1. Ayer, Frodo me dijo que me .... a su casa el próximo sábado.
a) invite   b) invitaría   c) hemos invitado

2. No creo que Golum .... diciendo la verdad.
a) está   b) estaba   c) esté

3. ¡¡¡Gandalf!!! ¡No .... eso! Es peligroso.
a) haz   b) hiciste   c) hagas

4. Frodo se cayó al .... las escaleras de Mordor.
a) bajar   b) bajando   c) bajé

5. Las minas de Moria son muy peligrosas y están llenas de orcos: ¡..................... cuidado!
a) tienes   b) tendrás   c) ten

6. Legolas, pasa .... la armería y compra flechas.
a) en   b) por   c) a

7. .... practicando el idioma de los elfos y mejorarás en poco tiempo.
a) Sigue   b) Estés   c) Llevas

8. Golum quiere que Frodo .... para poder quitarle el anillo.
a) muere   b) muera   c) murió

Soluciones: 1-b, 2-c, 3-c, 4-a, 5-c, 6-b, 7-a, 8-b

BIOGRAFÍA DIVERTIDA

Para que practicar el pretérito indefinido sea más ameno podemos elegir la biografía de uno de los personajes más importantes de la ciudad o del país de nuestros alumnos y cambiarla para que resulte divertida.

La historia real de Nicolás Copérnico

Nicolás Copérnico .... (nacer) en el centro de Toruń, al lado de la tienda de Piernikis más grande de la ciudad. Su madre le .... (comprar) un Pierniki gigante de 5 kilos y le .... (decir): " Nicolás, tú vas a ser famoso antes de poder comerte este Pierniki gigante"
A los tres años .... (ir) a la ciudad vecina de Bydgoszcz para ver un partido de Speedway, después del partido .... (decidir) no volver a ir nunca más en su vida a esa ciudad tan fea y la .... (borrar) de sus mapas.
Con 15 años .... (viajar) a España, allí .... (descubrir) su pasión por el fútbol. Durante dos semanas .... (visitar) los campos de fútbol más importantes de España, en Madrid, Barcelona, Valencia, Sevilla y Elche. Cuando .... (volver) a Polonia .... (decidir) convertirse en el futbolista más importante del país.

.... (entrenar) mucho tiempo solo y después .... (jugar) en el equipo de su ciudad, el Elana Toruń.
Para entender mejor el balón y ser mejor futbolista .... (estudiar) matemáticas y .... (observar) los planetas durante mucho tiempo.
El 31 de febrero de 1480 Nicolás .... (desayunar) sus típicos pierogi, ... (abrir) el buzón y .... (encontrar) una propuesta para jugar en el equipo nacional de Polonia. Copérnico .... (aceptar) y .... (ganar) tres copas del mundo con Polonia.

UNIR COLUMNAS

Un ejercicio entretenido que se puede adaptar a todos los niveles. Otra opción es poner en la primera columna palabras que los alumnos desconocen y en la segunda columna definiciones.

1. Me gustaría...	a. te ayudaría a limpiar la casa.
2. Cuando tenga 35 años...	b. y hoy tengo resaca.
3. Si mañana no llueve...	c. tendría un cactus en mi jardín.
4. Ayer estuve de fiesta...	d. que Cristina fuera a la fiesta.
5. Si tuviera tiempo...	e. hablaré español perfectamente.
6. Si hubiera nacido en México...	f. saldremos a pasear por la playa.

Soluciones: 1-d, 2-e, 3-f, 4-b, 5-a, 6-c

1. Abogar	a. Cargar algo con impuestos
2. Testigo	b. Legal. Justo. Permitido social, moral o religiosamente.
3. Revocar	c. Valoración. Fijación de los precios máximos y mínimos de determinados productos.
4. Gravar	d. Ejercer como abogado. Defender o acusar en la jurisdicción civil o en la penal.
5. Tasación	e. Anular una orden o fallo.
6. Lícito	f. Persona que ha presenciado un hecho determinado y declara en un juicio dando testimonio.

Soluciones: 1-d, 2-f, 3-e, 4-a, 5-c, 6-b

PRETÉRITO INDEFINIDO YO/TÚ

Quizás sea el tiempo más difícil de aprender, tiene muchos verbos irregulares y los alumnos se lían con la primera y la tercera persona del singular, ya que en el presente la terminación –o suele acompañar a la primera persona. Creo que es conveniente dedicar una clase entera a practicar las personas yo y tú.

REGULARES

	- AR	-ER -IR
YO	-É	-Í
TÚ	-ASTE	-ÍSTE

IRREGULARES

Ir
Yo fui
Tú fuiste

Tener
Yo tuve
Tú tuviste

Estar
Yo estuve
Tú estuviste

Hacer
Yo hice
Tú hiciste

Yo .... (salir) de fiesta ayer. No recuerdo nada, creo que .... (beber) demasiado. Yo sólo sé que .... (ir) con mis amigos a un bar nuevo en el centro de Alicante, allí .... (conocer) a unos policías muy simpáticos, ... (volver) al parking con mis nuevos amigos y .... (subir) a su coche. Creo que yo .... (dormir) un poco porque .... (estar) en su coche más de 5 horas. Después .... (ir) con ellos a la comisaría, ... (hablar) con el comisario jefe y .... (preguntar) que .... (hacer) ayer. No puedo recordar nada.

DEFINIR

Un ejercicio dirigido a los alumnos con un nivel más avanzado. Deben escribir definiciones de los términos dados por el profesor, después se comparan las definiciones.

· En la definición no debe aparecer la palabra definida.
· Ha de ser objetiva.
· Debe ser breve, clara y exacta.
· Puedes utilizar palabras como: persona, animal, objeto, sentimiento, actitud, comportamiento, situación...
· También son prácticas las expresiones como: se dice de..., se aplica a..., perteneciente a..., relativo a..., cualidad que se aplica a...,

Autoritario:
....
....

Accesible:
....
....

Jefe:
....
....

Dinámico:
....
....

Percha:
....
....

TODOS LOS TIEMPOS

Quizás sea el tipo de ejercicio más difícil de gramática, los alumnos deben completar las frases con la forma verbal correspondiente en cada caso.

1. El año que viene .... (trabajar, nosotros) menos y nos divertiremos más.
2. Le sugiero que .... (pagar, usted) con tarjeta de crédito.
3. La película que .... (ver, nosotros) anoche era rusa.
4. En 1990, mi mujer .... (convertirse) al catolicismo.
5. Aún no he acabado el informe. Cuando lo .... (terminar, yo), te lo mando.
6. Es probable que mañana los sindicatos .... (proponer) un aumento salarial.
7. Me pedía que .... (tener, yo) paciencia.
8. Si no fuera tan machista, ... (casarse, yo) con él.
9. Ayer Marta .... (ponerse) muy nerviosa.
10. No te .... (oír, yo). Creo que hay problemas con la línea telefónica.

Soluciones:
1 trabajaremos, 2 pague, 3 vimos, 4 se convirtió, 5 termine, 6 propongan, 7 tuviera, 8 me casaría, 9 se puso, 10 oigo.

TARJETAS CON PREGUNTAS

Este ejercicio es tan importante en mis clases que le he querido dedicar un apartado especial en el libro. Da muy buenos resultados tanto en las lecciones individuales como en los grupos pues obliga a participar a todo el mundo.

Gracias a las tarjetas con preguntas podremos repasar la gramática y el vocabulario visto anteriormente, además de practicar la expresión oral.
El profesor debe recortar las tarjetas y repartirlas, además de incitar a los alumnos a hablar y ayudarles a perder el miedo.
Las respuestas a las preguntas deben ser lo más extensas posibles.

NIVEL BÁSICO, CONOCERSE

Debemos evitar que los alumnos respondan con monosílabos (sí, no). Tienen que contestar con frases completas.

Ejemplo: sí, yo estudio español.

A
1. ¿Estudias español?
2. ¿Vives en España?
3. ¿Cuántos años tienes?
4. ¿Trabajas en una fábrica?
5. ¿Dibujas bien?

B
1. ¿Bebes Coca-Cola?
2. ¿Hablas ruso?
3. ¿Tienes hermanos?
4. ¿Vives en Barcelona?
5. ¿Compras en el mercado?

C
1. ¿Lees libros?
2. ¿Viajas a España en verano?
3. ¿Bailas en tu casa?
4. ¿Estudias matemáticas?
5. ¿Bebes agua con gas?

D
1. ¿Tienes bicicleta?
2. ¿Comes pizza mañana?
3. ¿Paseas por el parque?
4. ¿Trabajas en la NASA?
5. ¿Lees en tu casa?

NIVEL A1

Incorporamos a las preguntas los números, colores, horas y meses del año.

A
1. ¿Cómo se llama tu padre?
2. ¿A qué hora tienes clase de español?
3. ¿Te gusta leer libros en inglés?
4. ¿De dónde eres?
5. ¿Dónde haces la compra?

B
1. ¿Cuántos primos tienes?
2. ¿En qué calle vives?
3. ¿A qué hora te levantas?
4. ¿Qué color te gusta más?
5. ¿Dónde vives?

C
1. ¿Cuántos hermanos tienes?
2. ¿Con quién vives?
3. ¿Cómo es tu casa?
4. ¿De qué color es tu coche?
5. ¿Te gusta ver películas en español?

D
1. ¿Cuándo es tu cumpleaños?
2. ¿Cuántas televisiones hay en tu casa?
3. ¿Tienes perro o gato?
4. ¿Qué muebles tienes en tu habitación?
5. ¿Tienes hijos?

PRESENTE IRREGULAR

Para practicar los verbos irregulares más comunes del presente de indicativo.

A
1. ¿Duermes 8 horas todos los días?
2. ¿Tienes amigos en Inglaterra?
3. ¿Cuánto cuesta una camiseta en Zara?
4. ¿Quieres vivir en tu ciudad toda la vida?
5. ¿Recuerdas tu primer cumpleaños?

B
1. ¿Puedes hablar en ruso?
2. ¿Piensas que es bueno el € en Europa?
3. ¿Pierdes tu teléfono frecuentemente?
4. Cuando sales de fiesta, ¿cómo vuelves a casa?
5. ¿Juegas al tenis?

C
1. ¿Cierras la ventana para dormir?
2. ¿Prefieres vivir en una ciudad grande o pequeña?
3. ¿A qué hora empiezas las clases de español?
4. ¿Tu amiga dice siempre la verdad?
5. ¿Entiendes las películas en inglés?

D
1. ¿Dónde quieres viajar el próximo verano?
2. ¿A qué hora cierra el supermercado?
3. ¿Puedes hablar en francés?
4. ¿Vuelas en avión frecuentemente?
5. ¿Tienes coche?

IR + A + INFINITIVO

 Para practicar el futuro próximo

A
1. ¿Qué vas a hacer mañana por la mañana?
2. ¿Con quién vas a comer mañana?
3. ¿Vas a ver a tus amigos el sábado?
4. ¿Vamos a cenar pasta esta noche?
5. ¿Quién va a ganar la copa del mundo de voleibol?

B
1. ¿Vas a cenar pizza el viernes?
2. ¿Tu hermano va a casarse este año?
3. ¿Vas a salir de fiesta el viernes?
4. ¿Tu padre va a ir a España?
5. ¿Mañana vas a trabajar por la mañana?

C
1. ¿Vamos a ir a Málaga el fin de semana?
2. ¿Vas a estudiar español mañana?
3. ¿Tu amiga va a tener un hijo?
4. ¿Vas a comprar ropa este viernes?
5. ¿Vas a dormir la siesta mañana?

D
1. ¿Vas a ir a trabajar mañana en coche?
2. ¿Vas a cocinar el domingo?
3. ¿Vamos a ir al cine mañana?
4. ¿Vas a ver una película esta noche?
5. ¿Tu prima va a ir a tu casa el fin de semana?

PRESENTE, PASADO Y FUTURO

Para estudiantes de nivel A2 incorporamos los pasados, vamos a empezar con el pretérito perfecto.

A
1. ¿Has estudiado inglés esta semana?
2. ¿Has vivido en Varsovia?
3. ¿A qué hora te levantas normalmente?
4. ¿Qué vas a hacer mañana?
5. ¿Dónde quieres vivir en el futuro?

B
1. ¿Has dormido esta noche en un hotel?
2. ¿Vas a viajar en verano?
3. ¿Qué has desayunado hoy?
4. ¿Quieres viajar a Corea del Norte?
5. ¿Con quién vas a comer el próximo sábado?

C
1. ¿Cuánto cuesta una cerveza en tu ciudad?
2. ¿Has comprado ropa esta semana?
3. ¿Vas a ir al centro el sábado?
4. ¿Has bebido Coca Cola esta mañana?
5. ¿Tienes primos en el extranjero?

D
1. ¿Has estado en América?
2. ¿Bebes té o café?
3. ¿Te gusta ver deportes en la televisión?
4. ¿Vas a trabajar en Mc Donalds el próximo año?
5. ¿Has escrito un email esta semana?

PRETÉRITO INDEFINIDO YO/TÚ

Para la primera clase que veamos el pretérito indefinido, preguntas con las dos primeras personas.

A
1.¿Fuiste en autobús ayer?
2. ¿Compraste tomates la semana pasada?
3. ¿Te casaste en el año 2005?
4. ¿Cenaste solo/a anoche?
5. ¿Naciste en Francia?

B
1.¿Estudiaste en la universidad de Londres?
2.¿Fuiste a España el año pasado?
3. ¿Vendiste tu casa ayer?
4. ¿Estuviste en Sevilla en enero?
5. ¿Cuántos cafés bebiste la semana pasada?

C
1.¿Cómo conociste a tu novio/a?
2.¿Estuviste de viaje en África el año pasado?
3. ¿Te encontraste dinero en el suelo la semana pasada?
4. ¿Comiste en casa ayer?
5. ¿Compraste algún regalo la semana pasada?

D
1.¿Viste alguna película ayer?
2.¿Fuiste al cine el sábado?
3. ¿Sacaste dinero del banco ayer?
4. ¿Robaste un coche el mes pasado?
5. ¿Desayunaste cereales el domingo?

PERFECTO VS INDEFINIDO VS IMPERFECTO

Preguntas para practicar y diferenciar los tres tiempos pasados.

A
1. ¿Has estudiado matemáticas esta semana?
2. ¿Vivías en Varsovia hace 3 años?
3. ¿A qué hora te levantaste ayer?
4. ¿Qué has hecho hoy?
5. ¿Cómo ibas a la escuela cuando eras joven?

B
1. ¿Has dormido esta noche en un parque?
2. ¿Compraste vino ayer?
3. ¿Qué has desayunado hoy?
4. ¿Tenías el pelo largo cuando eras pequeño/a?
5. ¿Qué hiciste el sábado pasado?

C
1. ¿Quién cocinaba en tu casa cuando tenías 10 años?
2. ¿Has comprado ropa esta semana?
3. ¿Ayer hablaste en español?
4. ¿Has bebido zumo esta mañana?
5. ¿Hace 2 años estudiabas español?

D
1. ¿Has estado en China?
2. ¿Bebiste café ayer?
3. ¿Comprabas cosas por internet hace 10 años?
4. ¿Ayer cocinaste?
5. ¿Has hecho deporte esta semana?

FRASES CONDICIONALES

Preguntas para los estudiantes más avanzados. Con ellas practicaremos las frases condicionales.

A
1. ¿Qué habrías hecho si no hubieras comido ayer?
2. ¿Qué harías si hubieras nacido en China?
3. ¿Qué habrías hecho si hubieras viajado a la Luna?
4. ¿Cómo te llamarías si hubieras nacido en España?
5. ¿Habrías adoptado un niño si hubieras tenido la oportunidad?

B
1. ¿Si hubieras podido elegir, en qué país habrías nacido?
2. ¿Cuántas casas tendrías si hubieras ganado la lotería?
3. ¿Si hubieras estado en la guerra qué habrías hecho?
4. ¿Si hubieras tenido un accidente grave en el trabajo habrías continuado en la empresa?
5. ¿Si hubieras podido elegir, que idioma te habría gustado aprender de pequeño?

C
1. ¿Si conocieras a Messi, qué le dirías?
2. ¿Comprarías un submarino si tuvieras la oportunidad?
3. ¿Qué música escucharías si vivieras en Madagascar?
4. ¿Si trabajaras en el KGB, a quién investigarías?
5. ¿Si fueras famoso, con qué ropa saldrías a la calle?

D
1. ¿Si fueras a Siberia, qué te llevarías?
2. ¿Cómo te comunicarías si estuvieras con los Masai?
3. ¿Si fueras el presidente de tu país, qué harías?
4. ¿Qué comerías si vivieras en el Sahara?
5. ¿Si comieras MC Donalds todos los días, cuánto tiempo vivirías?

PARA ESCRIBIR

Dicen que escribir algo es como leerlo siete veces, hay varios ejercicios que podemos incorporar a nuestras clases para practicar la escritura.

A no ser que los alumnos se estén preparando para algún examen que les requiera escribir, no es recomendable extenderse demasiado con este tipo de ejercicios, pues una hora entera escribiendo puede resultar aburrida.

PRESENTACIÓN

Tras la primera clase del curso podemos pedir a nuestros alumnos que nos escriban un pequeño texto presentándose. Si queremos convertirlo en un juego, podemos hacer que los estudiantes escriban todos sus datos personales menos el nombre, el resto de la clase deberá adivinar quién es cada uno. Para los estudiantes de nivel más bajo es recomendable preparar un guion.

Nombre / ¿Cómo te llamas?
Edad / ¿Cuántos años tienes?
Nacionalidad / ¿De dónde eres?
Lugar de residencia / ¿Dónde vives?
Aficiones / ¿Qué te gusta hacer?
Mascotas / ¿Tienes animales en casa?
Ocupación / ¿Estudias o trabajas?

....

....

....

....

....

....

....

HISTORIAS ENCADENADAS

Un juego muy divertido tanto para grupos como para clases individuales. Tan solo necesitaremos un papel y un bolígrafo para cada persona. Todos deben escribir una frase a modo de historia y pasar el papel hacia la derecha, la persona que recibe el papel debe continuar la historia y así sucesivamente. Con este ejercicio se entrena la creatividad y la expresión escrita.

Ejemplo:

Ayer fui al centro.
Allí encontré a mi amigo Julio.
Me dijo que necesitaba mi ayuda.
Julio había perdido su teléfono móvil.
Intentamos buscarlo, pero no lo encontramos.
Pero por suerte encontramos un billete de cien euros.
Fuimos muy contentos a la tienda y elegimos muchas cosas.
Pero cuando quisimos pagar nos dijeron que el billete de cien euros era falso.

PERIODISTAS

Los alumnos jugarán a ser periodistas por un momento, recibirán declaraciones de políticos, famosos o personas anónimas y deberán escribir una crónica periodística. Es recomendable hacer este ejercicio durante una clase dedicada al periodismo donde previamente se ha entrado en la materia.

Ejemplo:

RUEDA DE PRENSA TRAS EL PARTIDO
FC BARCELONA 5 – 1 REAL MADRID

Roberto, entrenador del Barcelona:
" El equipo ha jugado muy bien, hemos atacado todo el partido, ellos no han tenido la pelota y gracias a esto hemos ganado" "Messi ha estado increíble, ha marcado 3 goles y ha demostrado que es el mejor del mundo" "No hemos echado de menos a Luis que no ha podido jugar", "Además nuestro portero ha parado un penalti. Como ya te he dicho antes, todo el equipo ha estado genial"

Paco, entrenador del Real Madrid:
"¿Por qué? ¿Por qué? ¿Por qué hemos perdido?". "Hemos regalado la pelota desde el primer minuto y Pepito ha metido dos goles en nuestra portería". "Raúl, ha marcado un gol, pero después ha fallado un penalti". "El árbitro ha pitado muy mal esta noche, ha sacado tarjetas a todos mis defensas y después me ha expulsado y yo no sé por qué." "¿Por qué? ¿Por qué?"

· **Ahora tú eres un periodista y tienes que escribir la noticia del partido. ¿Quién ha ganado? ¿Quién ha marcado los goles? ¿Qué ha pasado durante el partido?**

TRADUCCIONES

Un ejercicio para los niveles más avanzados, buscamos un artículo en algún periódico o revista del país que sean nuestros alumnos y escogemos un pequeño extracto. Los alumnos deben traducirlo.

Ejemplo:

Traduce el siguiente texto.

Spain fined €12 million for failing to treat urban waste water

The European Court of Justice on Wednesday ordered Spain to pay a €12 million fine for prolonged failure to comply with a European directive on urban waste water collection and treatment.
In an earlier judgment issued in 2011, this court had found that there were still 43 agglomerations with a population of 15,000 or more that failed to meet EU standards, even though member states were supposed to have adequate collection and treatment systems in place since 2001.

....

....

....

....

....

....

....

EMAIL DE NEGOCIOS

En las clases que hablemos sobre negocios podemos escribir correos electrónicos ficticios para presentar nuestra empresa, responder a clientes o para dar a conocer un nuevo producto.

Ejemplos:

Eres el director de una empresa de artículos para automóviles. Envía un primer correo a tus posibles clientes para empezar una relación comercial.

....

....

....

....

....

Ahora responde a un cliente que se ha interesado por algunos de tus productos y te pregunta por detalles de pagos, transporte y posibles ofertas.

....

....

....

....

....

DIBUJOS EXTRAÑOS

Los alumnos deben escribir una frase para cada dibujo, después se comparan todas y se elige la mejor.

1 ....

2 ....

3 ....

4 ....

CARTA A UNA AMIGA

Los alumnos deben responder a la carta que les ha enviado un conocido, hablarán sobre su día a día.

Hola, ¿qué tal?

Me ha dicho tu primo que estás viviendo en Mallorca porque has encontrado un trabajo aquí. ¡Qué bien! ¿En qué zona estás? ¿Cómo es tu casa? ¿Te gusta la ciudad? Dice también que has estado de viaje por las islas. ¿Qué has hecho allí? ¿Cómo te ha ido?

Escríbeme y cuéntamelo todo.

Marta

Ahora responde a la carta. En el mensaje a tu amiga debes saludar, hablar sobre tu casa y tu ciudad, contar tu viaje y despedirte.

....

....

....

....

....

....

INVITACIÓN A UNA FIESTA

Los alumnos deben crear un texto informal para su grupo de amigos.

Es tu cumpleaños y has decidido invitar a todos tus amigos. Como no tienes tiempo para hacer tantas llamadas has decidido enviarles un mensaje. Debes saludar, informar del motivo de la reunión, hablar del lugar y la hora a la que será el evento, proponer una temática para la fiesta, así como un tipo de vestuario específico, pedir algo y despedirte.

....

....

....

....

....

....

....

....

....

....

QUEJA EN LA EMPRESA

Para que nuestros estudiantes de nivel avanzado practiquen el lenguaje formal al dirigirse a un superior en una gran corporación.

No estás de acuerdo con la política de personal de tu empresa, sientes que el hecho de ser mujer te discrimina a la hora de obtener un ascenso.
Debes escribir un email a tus jefes incluyendo todas las razones por las que consideras que tu situación es injusta, además debes aportar alguna idea para que la empresa mejore en este aspecto.

....

....

....

....

....

....

....

....

....

....

....

PASAR AL ESTILO INDIRECTO

Basta con poner una frase que alguien dijo para poder trabajar con ella formando un pequeño texto en estilo indirecto.

Cristina dijo ayer: "El martes pasado fui a mi casa del pueblo y trabajé mucho, regué las plantas y limpié la terraza. Quiero comprar nuevos árboles para el próximo año así que voy a ir a una tienda la semana que viene".

....

....

....

....

....

....

Solución:

Cristina dijo ayer que el martes pasado había ido a su casa del pueblo y que había trabajado mucho. Me contó que había regado las plantas y limpiado la terraza. Mencionó que quería comprar árboles nuevos para el próximo año y que iba a ir a una tienda la semana siguiente.

VOCABULARIO

En los niveles iniciales deberemos insistir más en los ejercicios específicos de vocabulario, mientras que los alumnos más avanzados lo aprenderán realizando otro tipo de tareas.

Al realizar las clases temáticas conviene comenzar con una introducción al nuevo vocabulario que se utilizará durante la lección.

VOCABULARIO DE SUPERVIVENCIA

Una sencilla tabla que los alumnos deben rellenar cada día en casa. En ella podremos palabras, expresiones y frases adaptadas a su nivel. La tarea consiste en traducir la tabla, podemos hacerlo a la inversa, del idioma nativo de nuestros estudiantes al español.

¡Hola!	
Buenos días	
Buenas tarde	
Buenas noches	
¡Adiós!	
¡Felicidades!	
¿Qué tal?	
Por favor,…	
Muchas gracias	
Izquierda	
Derecha	
¿Dónde está ……..?	
¿Cuánto cuesta?	
Un billete de ida y vuelta	
La cuenta, por favor	
Azúcar	
Mantequilla	
Cambiar dinero	
Yo no entiendo	

DIBUJOS Y PALABRAS

 Los alumnos deben completar la tabla.

ROPA

Gafas, pantalones, zapatos, chaqueta, sombrero, bolso, camiseta, guantes, calcetines, falda, vestido, sandalias.

COMIDA

Huevo frito, cebolla, leche, tomate, pan, pescado,
plátanos, pimiento, helado, ajo, arroz, zanahoria.

CASA

Mesa, lámpara, silla, armario, bañera, ducha, ventana,
puerta, nevera, alfombra, lavadora, cama.

VERANO

Sandía, ola, hielo, pelota, piscina, nadar, ventilador, gorra, tomar el sol, sombrilla, maleta, tienda de campaña.

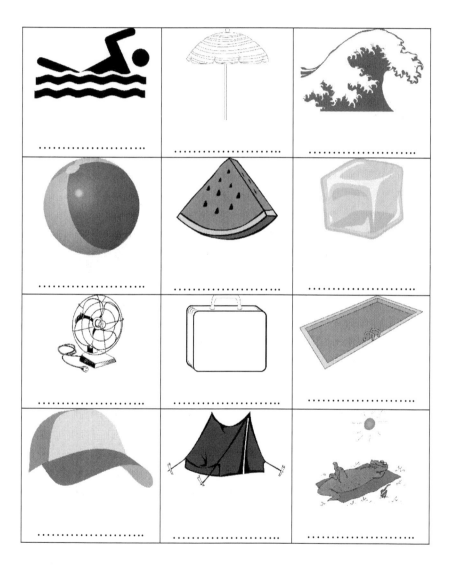

TRANSPORTES

Patines, moto, barco, silla de ruedas, coche, tranvía, caballo, avión, bici, camión, autobús, tren.

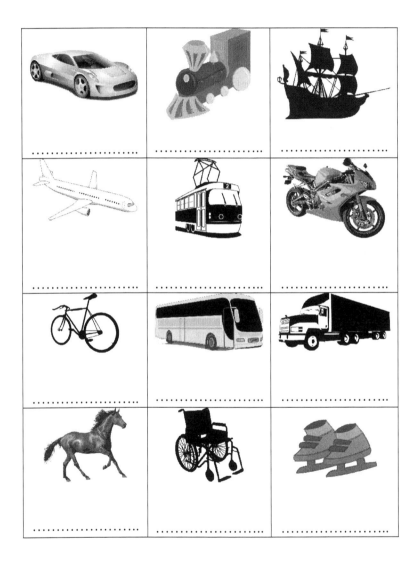

ANIMALES

Conejo, vaca, cerdo, avestruz, león, mono, oveja, lobo, gallina, elefante, foca, burro.

TARJETAS DE VOCABULARIO

El profesor debe recortar las tarjetas y esparcirlas por la mesa desordenadamente. los alumnos deben tratar de formar parejas con las tarjetas.

DESCRIPCIÓN DE PERSONAS

GORDO

DELGADO

MORENA

RUBIA

RÁPIDO

FUERTE

INTELIGENTE

	RICO
	DEPORTISTA
	VIEJA
	TRABAJADOR

VERDURAS

AJO

PEPINO

PIMIENTO

PATATA

MAÍZ

ESPÁRRAGOS

BERENJENA

GUISANTES

	CALABAZA
	LECHUGA
	COLIFLOR
	PUERRO

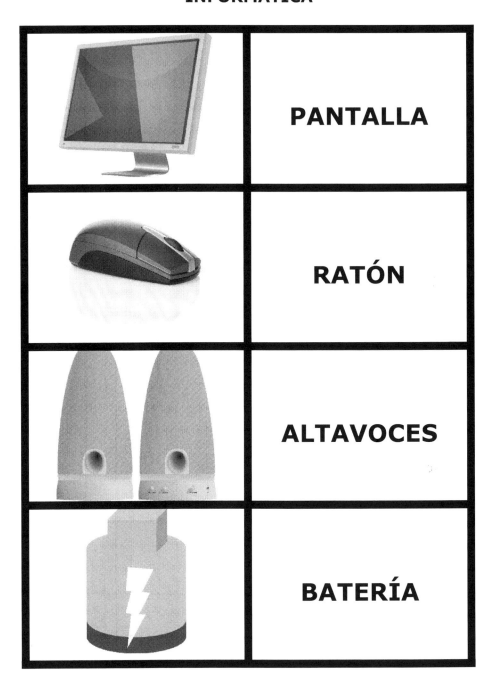

	PANTALLA
	RATÓN
	ALTAVOCES
	BATERÍA

	CARGADOR
	IMPRESORA
@	ARROBA
	CARPETA

	**BUSCADOR**
	**TECLADO**
	**PUBLICIDAD**
	NAVEGADORES

VIAJES

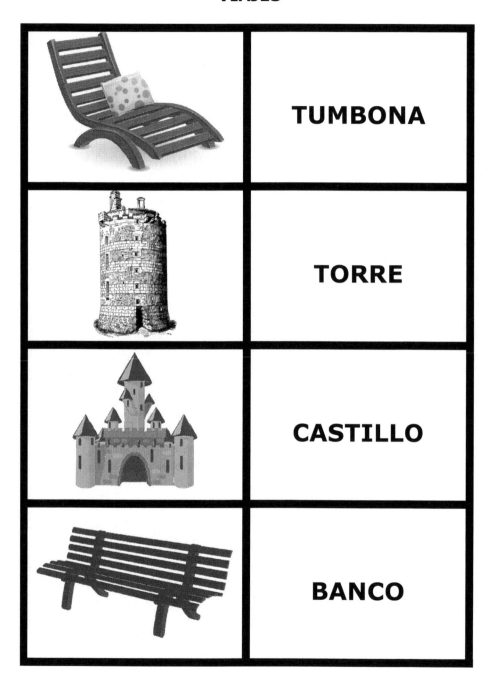

TUMBONA

TORRE

CASTILLO

BANCO

	GLOBO
	MOCHILA
	TABLA
	FARO

MONTAÑA

ISLA

ESTATUA

EQUIPAJE

PRECIOS

	9679 €
	9,95 €
	0,25 €
	33´99 €

CALLE

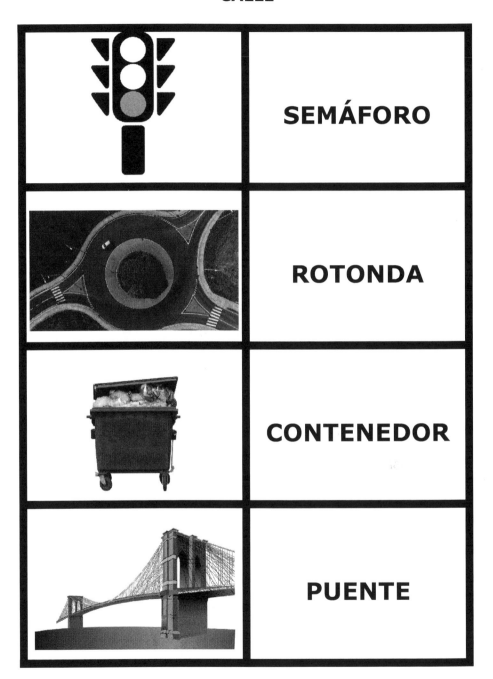

	SEMÁFORO
	ROTONDA
	CONTENEDOR
	PUENTE

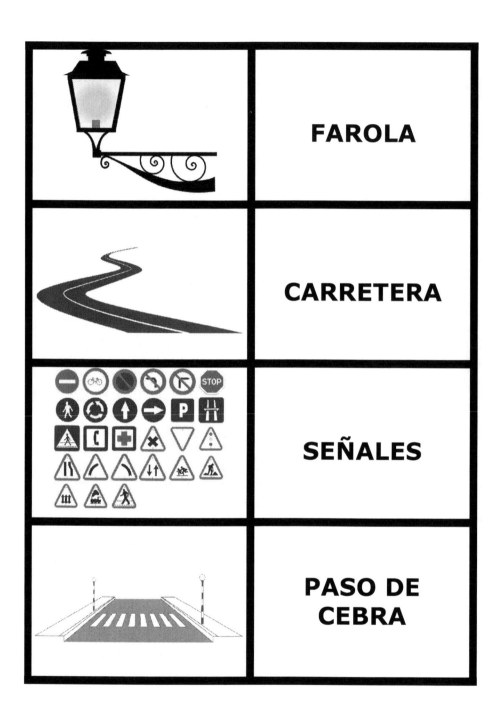

	FAROLA
	CARRETERA
	SEÑALES
	PASO DE CEBRA

	EDIFICIO
	IGLESIA
	PARADA DE AUTOBÚS
	GRÚA

	LÁPIZ
	GRAPADORA
	PEGAMENTO
	TIJERAS

	CLIP
	CUADERNO
	CALENDARIO
	CARPETA

	SOBRE
	PAPELERA
	REGLA
	SACAPUNTAS

CLASIFICAR LAS PALABRAS

Los alumnos deben completar la tabla organizando las palabras en diferentes categorías. Se pueden añadir términos que no corresponden a ninguna categoría para complicar más el ejercicio.

ajedrez

vaca

serpiente

armario

semáforo

zanahoria

gallina

embutidos

dependiente

tienda

pimiento

azafata

avión

marrón

iglesia

pez

cereales

primo

esposa

plaza

lápiz

PERSONAS	ANIMALES	CIUDAD	COMIDA

COLOCAR LOS NÚMEROS

Los alumnos deben escribir los números sobre el dibujo.

1. Árbol
2. Bicicletas
3. Fuente
4. Calle
5. Banco
6. Árboles

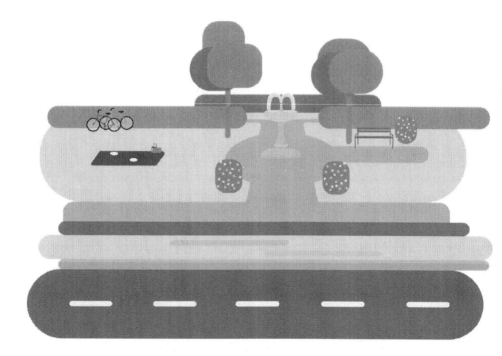

SINÓNIMOS Y ANTÓNIMOS

Se debe clasificar los siguientes grupos de palabras entre sinónimos y antónimos.

subir-ascender

subir-elevar

lista-inteligente

perder-encontrar

insípido-soso

pegar-golpear

enfriar-calentar

dar-quitar

nervioso-tranquilo

mover-fijar

alegría-tristeza

gritar-vociferar

bajar-descender

ordenador-computador

escalón-peldaño

unir-separar

bonito-bello

rezar-orar

sedoso-rasposo

bailar-danzar

entender-comprender

tranquilizar-calmar

andar-caminar

hablar-callar

Ahora hay que cambiar el siguiente texto utilizando la mayor cantidad posible de sinónimos.

El pasado domingo fuimos a la hermosa ciudad de Oviedo. Nos alojamos en un hotel mugriento pero económico.
Lo único bueno que tenía era que la recepcionista era muy graciosa. Por la tarde andamos por el centro de la ciudad, es alucinante. Los edificios antiguos del centro de Oviedo son muy bonitos.
Por la noche hizo frío y, como no teníamos chaqueta, nos congelamos. Por suerte, mi amiga María, que es muy lista, nos guió hacía un pub donde tomamos unos cubatas y nos calentamos.
A la mañana siguiente conocimos al presidente de la ciudad, un hombre simpático pero muy misterioso.

DIMINUTIVOS Y AUMENTATIVOS

 Los alumnos deben completar las tablas.

DIMINUTIVOS

	GATO	GATITO
	PERRO	
		COCHECITO
	PÁJARO	

AUMENTATIVOS

	COCHE	COCHAZO
		OJAZOS
	SUELDO	
		FUERTOTE

PARA NIÑOS

Los niños requieren una atención especial, si no hacemos bien nuestro trabajo, estaremos perdiendo su preciado tiempo.

Cada clase debe tener una buena dosis de motivación, creatividad y diversión. Debemos tantear a los alumnos para descubrir sus intereses, su grado de competitividad y sus habilidades.

PALABRAS ENCADENADAS

Los estudiantes se levantan de sus asientos y forman un círculo (estar demasiado tiempo sentados en una misma silla puede resultarles pesado).
El juego consiste en que los alumnos deben formular palabras que comiencen por la última letra de la que ha utilizado el alumno anterior.

Ejemplo:

1. **CASA**
2. **ALARMA**
3. **ALTAR**
4. **RÁPIDO**
5. **OSO**
6. **OLOR**
7. **RITUAL**
8. **LAVAVAJILLAS**
9. **SALIDA**
10. ...

JUEGO DEL AHORCADO

El cásico juego en el que uno de los alumnos deberá elegir una palabra y dibujar en la pizarra tantas rayas horizontales como letras tenga.
Sus compañeros tratarán de adivinar las letras que contiene la palabra, cada vez que fallen se dibujará una parte del muñeco ahorcado, si se completa el dibujo y no han logrado descubrir la palabra, pierden.

P   A   P   E   _

G, T, U, I, O, F, X, C, Z, Q, M

CARNÉ DE IDENTIDAD

Para entretener a los más pequeños y, de paso, enseñarles el vocabulario de los datos personales, podemos pedirles que dibujen su cara y recorten el carné de identidad, a continuación, deberán rellenarlo con sus datos personales.

Nombre:

Edad:

País:

Dirección:

Idiomas:

Teléfono:

Mascota:

CONVERSACIÓN EN EL RESTAURANTE

Se deben numerar las frases siguiendo el orden cronológico de la conversación. Para hacer el ejercicio más ameno para los niños, el cliente del restaurante es Darth Vader.

	Camarero:	Perfecto... Aquí tiene.
	Vader:	Muchas gracias. Ñam Ñam... La cuenta, por favor.
	Camarero:	Son cuatro euros con ochenta céntimos.
	Camarero:	Muy bien. ¿Y algo de comer?
	Vader :	Si, ¿qué tenéis de comer?
	Vader :	Hola, quiero un vino español.
1	Camarero:	Hola, buenos días. ¿Qué quieres?
	Camarero:	Gazpacho, bocadillos, queso, jamón, tortilla...
	Vader :	Un bocadillo de jamón y queso por favor.

DIBUJAR AL ROBOT

Lo ideal para este ejercicio sería que los alumnos tuvieran acceso al programa Paint del ordenador.
Se puede enviar como deberes para hacer en casa una descripción de un robot que ellos deben dibujar, imprimir y traer a la clase el día siguiente.

Ejemplo:

El robot tiene una cabeza redonda, tiene tres ojos, una nariz y una boca con dos dientes. El robot tiene un pequeño cuello y un cuerpo grande y rectangular. Tiene tres brazos, dos a la derecha y uno a la izquierda. Tiene tres manos. En la mano de la izquierda no tiene dedos, en la mano de la derecha y arriba tiene tres dedos, en la mano de la derecha y abajo tiene cuatro dedos. El robot tiene cuatro piernas y cuatro pies.

Los alumnos deben dibujar algo así:

TEST DE STAR WARS

Para auténticos fans de la saga galáctica, unas preguntas que les encantarán a pequeños y grandes.

1. ¿Quién es más alto?
a) R2D2   b) Yoda   c) Luke Skywalker

2. ¿Quién tiene más pelo?
a) Palpatine   b) Chewbacca   c) Princesa Leia

3. ¿Quién utiliza casco?
a) Han Solo   b) Darth Vader   c) C3PO

4. ¿Quién tiene una nave muy rápida?
a) Princesa Leia   b) Han Solo   c) Yoda

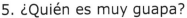

5. ¿Quién es muy guapa?
a) Chewbacca   b) R2D2   c) Pincesa Leia

6. ¿Quién es más viejo?
a) Yoda   b) Darth Vader   c) Palpatine

7. ¿Quién vive en el desierto de niño?
a) Princesa Leia   b) Chewbacca   c) Luke Skywalker

8. ¿Quién es padre?
a) Yoda   b) C3PO   c) Darth Vader

GRAMÁTICA CON SUS ÍDOLOS

Todos los niños tienen ídolos, ya sean cantantes, actores o deportistas. Si adaptamos los ejercicios de gramática podemos hacerlos mucho más atractivos para los niños.

Hola, yo .... (llamarse) Messi y .... (vivir) en Barcelona.
Todos los días .... (levantarse) a las 8:00.
Después .... (desayunar) 10 kilos de mandarinas y .... (leer) los periódicos deportivos.
Siempre .... (buscar) videos en Internet de mi jugador de fútbol preferido: Ronaldo.
Yo .... (entrenar) de 12:00 a 16:30 y después .... (volver) a mi casa en autobús.
Por las tardes siempre .... (estudiar) español cuatro horas y .... (jugar) a la Play Station.
El próximo año yo .... (querer) aprender polaco, es un idioma muy difícil, pero yo .... (ser) muy inteligente.

EXAMEN DIVERTIDO

Un examen sorpresa, el terror de los alumnos, pero con preguntas divertidas, para reírse un poco durante la clase.

1. ¿Cómo se llama a los bomberos en China?

....

2. ¿Qué animal tiene en su nombre las 5 vocales? (a, e, i, o, u)

....

3. Marta y María son hijas del mismo padre y la misma madre. Marta dice que no es hermana de María. ¿Qué es Marta?

....

4. ¿Qué pesa más, un kilo de azúcar o un kilo de metal?

....

5. Estás participando en una carrera. Adelantas al que va segundo. ¿En qué posición estás ahora?

....

Soluciones: 1 Por teléfono, 2 El murciélago, 3 Marta es una mentirosa, 4 Pesan lo mismo, 5 Segundo

HUNDIR LA FLOTA

Todo un clásico. Un juego divertido que gusta a todos por igual.

	en la tienda	en mi casa	en la clase	en Sevilla	en Cuba	en la playa
Yo trabajo						
Yo vivo						
Yo estudio						
Yo compro						
Yo leo						
Yo como						

	en la tienda	en mi casa	en la clase	en Sevilla	en Cuba	en la playa
Yo trabajo						
Yo vivo						
Yo estudio						
Yo compro						
Yo leo						
Yo como						

HUNDIR LA FLOTA VERBOS REGULARES

Otra versión del juego, en este caso los alumnos deberán conjugar los verbos.

	Comer	Cantar	Hablar	Vivir	Beber	Leer
Yo						
Tú						
Él Ella						
Nosotros						
Vosotros						
Ellos Ellas						

	Comer	Cantar	Hablar	Vivir	Beber	Leer
Yo						
Tú						
Él Ella						
Nosotros						
Vosotros						
Ellos Ellas						

BINGO

Podemos utilizarlo para practicar los números o vocabulario.

5		10		25	30	
7		52	19		33	
	87		42		14	76

	65		21		18	11
86	50		42		29	
		46		85	16	3

6		29		32	99	
	55		51		13	8
10		22	44			17

30		29		54		91
	64		38	37		49
2		10		90	74	

	79		18	47		52
37		62		81		15
	22		36		43	95

	29		38		41	50
69		71		27		44
	44		38		14	19

12		78		71		93
	18		20		9	19
44	38		58		70	

EL JUEGO DEL PAÑUELO

Un juego perfecto para practicar español al mismo tiempo que se hace ejercicio. Se divide la clase en dos grupos, cada niño recibe una palabra clave, puede ser un color, transporte, mueble o animal. Los dos grupos se colocan en filas uno frente al otro, el profesor se coloca en el centro con un pañuelo, al gritar una de las categorías los niños que tienen la palabra clave de esa categoría deben correr hacia el centro y atrapar el pañuelo, el primero en llegar, gana.

Ejemplo:
El profesor grita: ¡Colores!
Los niños que tienen las palabras clave "azul" y "verde" correr para atrapar el pañuelo.

VEO VEO

Con este juego podremos amenizar una clase con los más pequeños, para ellos entonaremos la canción "VEO VEO".

Una persona escoge un objeto de la clase y comienza cantando. A lo que sus compañeros responden y se forma un diálogo.

- Veo veo.
- ¿Qué ves?
- Una cosita.
- ¿Y qué cosita es?
- Empieza por la letra... S

Entonces los compañeros deben mirar a su alrededor y tratar de adivinar la palabra.

- ¿Un sacapuntas?
- No
- ¿Un sombrero?
- No
- ¿Una silla?
- Sí

COLOREAR DIBUJOS

A los niños les encanta colorear, un buen ejercicio para una de nuestras primeras clases con ellos puede ser el de pintar algún dibujo con los colores que se han estudiado en la clase anterior.

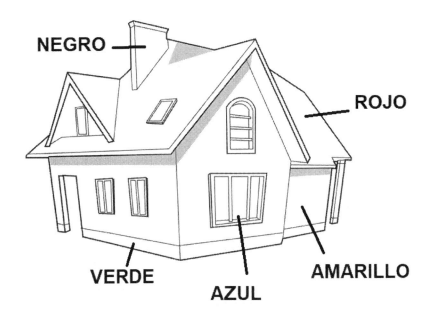

COLORES Y NÚMEROS

También para una de nuestras primeras clases, en este caso los estudiantes deberán colorear y escribir los números que faltan, al tiempo que practican algunas palabras de vocabulario básico.

.... GATOS DE COLOR MARRÓN

.... PERROS DE COLOR AZUL

.... CASAS DE COLOR VERDE

.... COCHES DE COLOR ROJO

.... LIMÓN DE COLOR AMARILLO

.... PELOTAS DE COLOR BLANCO Y NEGRO

UNIR DIBUJOS CON VOCABULARIO

Un ejercicio sencillo y divertido para los niños que se puede hacer con cualquier tipo de vocabulario.

LA VACA

EL PERRO

EL GATO

EL CABALLO

EL CONEJO

EL PÁJARO

EL CERDO

LA OVEJA

LA GALLINA

FORTNITE

Aprovechando las modas y los juegos que les gustan a nuestros estudiantes, podemos crear materiales que atraerán su atención. Aquí hay un ejemplo de un ejercicio de conversación utilizando el juego "Fortnite". Primero los estudiantes deben hablar sobre el mapa y explicar las diferentes zonas de la isla, después el profesor les realiza preguntas.

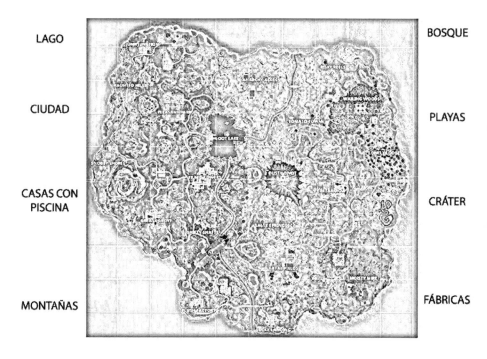

LAGO   BOSQUE

CIUDAD   PLAYAS

CASAS CON PISCINA   CRÁTER

MONTAÑAS   FÁBRICAS

Estás solo y no tienes mucha vida, ¿dónde vas?

Estás con tus amigos y quieres hacer un búnker, ¿dónde vas?

Tienes la mejor arma del juego, ¿qué haces?

ESTRATEGIAS EN VIDEOJUEGOS

Otro ejemplo de una tarea para interesar a los amantes de los videojuegos, escribir consejos y estrategias adaptadas a su nivel de español. Después, podemos animar a los estudiantes a escribir sus propias estrategias. Un ejemplo con el "Clash Royale".

Gigante + Globo

Tienes que esperar a tener 9 de elixir, primero pones al gigante en el puente y después pones el globo a su lado junto al límite del mapa. La torre va a atacar primero al gigante y el globo va a destruir la torre fácilmente. Es mejor utilizar esta combinación cuando sabes que tu rival no tiene cartas en la mano como "horda de esbirros".

Furia

Lo mejor es jugar con cartas que producen muchas criaturas, por ejemplo, la "bruja", "bárbaros", "horda de esbirros" o el "ejército de esqueletos". Defiendes todo el tiempo en tu lado del mapa y cuando ganas un combate y ves que tus tropas cruzan el puente utilizas furia.
La torre del enemigo va a desaparecer en pocos segundos. Tienes que tener cuidado porque si tu enemigo tiene flechas o bola de fuego tus tropas pueden desaparecer.

SOPA DE LETRAS

Podemos crear nuestras propias sopas de letras muy fácilmente a través de internet. Hay varias páginas web que nos permiten hacer sopas de letras gratuitamente, por ejemplo:

https://www.educima.com/wordsearch/spa/

GATO, BICICLETA, CASA, PELOTA, COCHE, PERRO, CABALLO, MANZANA, AMIGOS, POLLO

```
W Q Q G A T O O R B Q P U T
I S C O C H E O N I S W O O
N D O O D C U E K X C A S A
T M O X B N I X M S D D B E
L M E J I I Q A U E A D H Y
E U W O R E O W W U E C X Y
B E H A I W A I Q O T A U I
A X M C A B A L L O W R A O
P O L L O J Y F L R N W S E
L J P E R R O E N Z I P F R
I Q O M A N Z A N A L E E D
P E L O T A I J Q M E F B A
E I D B I C I C L E T A E I
V X E O K A M I G O S Y N Z
```

CRUCIGRAMAS

Al igual que con las sopas de letras, podremos crear estos pasatiempos muy rápidamente en diferentes páginas web, por ejemplo:

https://www.educima.com/crosswordgenerator/spa/

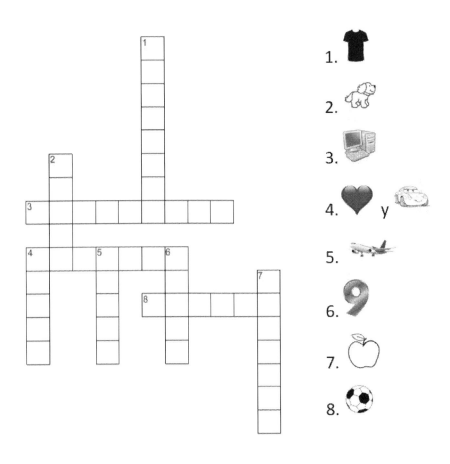

1.
2.
3.
4. y
5.
6.
7.
8.

RECURSOS DIGITALES

La educación se debe adaptar a la nueva era tecnológica, en Internet podremos encontrar un universo infinito de posibilidades para nuestros alumnos.

Complementar las clases de español con películas, series, música y juegos puede agilizar el aprendizaje de la lengua, además de interesar a los estudiantes en la cultura hispana.

KAHOOT

Una web muy interesante para organizar concursos entre nuestros estudiantes, podemos crear fácilmente nuestro cuestionario con preguntas o elegir uno de los que ya están hechos en https://kahoot.com/.
Nuestros estudiantes tendrán que utilizar sus teléfonos móviles, tabletas u ordenadores para entrar en https://kahoot.it/ e introducir el código que les demos para participar.
Es una actividad muy divertida que siempre gusta a los alumnos.

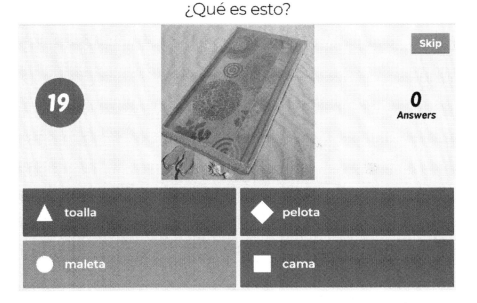

¿Qué es esto?

QUIZLET

Una página web muy útil para practicar el vocabulario que también podemos encontrar en formato aplicación para teléfonos móviles.

Gracias a Quizlet, los alumnos podrán crear sus listas de palabras con sus correspondientes traducciones o dibujos para estudiar y jugar. Hay miles de listas ya creadas que ofrecen la posibilidad de ser copiadas y modificadas a gusto de cada uno. Hay que registrarse en la web https://quizlet.com

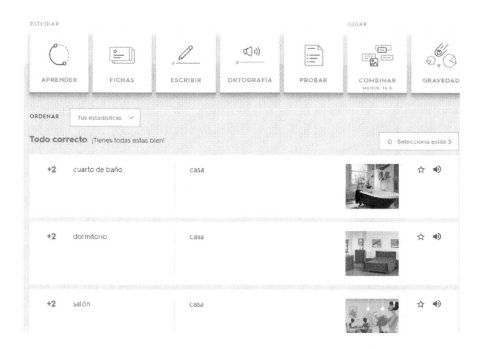

RTVE

Multitud de recursos de vídeo y audio para los alumnos más avanzados.

http://www.rtve.es/ es la web oficial de la radio y la televisión de España, en ella podemos disfrutar de las emisiones en directo y de una amplísima hemeroteca con todo tipo de series, documentales, programas deportivos etc.

Es posible activar la opción de los subtítulos para entender mejor los diálogos.

Noticias

El Gobierno aprueba la exhumación de Franco y dará un plazo de 15 días a la familia para que decida dónde trasladarlo

MARIA MENÉNDEZ

▸ Foto interactiva: el Valle de los Caídos, en cifras | Gabino Abánades, el enterrador de Franco

La Iglesia "acatará el mandato legal" y está dipuesta a acoger en terreno sagrado los restos de Franco

El Gobierno justifica las devoluciones de migrantes y califica de "inaceptable" la violencia contra los agentes

SERIES Y PELÍCULAS

 La mejor forma de aprender desde el sofá.

PELÍCULAS

- Ocho apellidos vascos (2014). Comedia.
- Kamikaze (2014). Comedia, drama.
- Relatos salvajes (2014). Comedia negra, drama.
- Celda 211 (2009) Thriller.
- La isla mínima (2014). Thriller policiaco.
- El laberinto del Fauno (2006). Fantasía, drama.
- Tres metros sobre el cielo (2010). Romance.
- El secreto de sus ojos (2009). Suspense.
- Contratiempo (2017). Suspense.
- El guardián invisible (2017) Thriller policiaco.
- Campeones (2018) Comedia.

SERIES
- La casa de papel.
- Vis a vis.
- Las chicas del cable.
- Narcos.
- La que se avecina.
- Aquí no hay quien viva.
- Gran Hotel.
- El ministerio del tiempo.
- Cuéntame cómo pasó.
- Extra español. (YouTube)

DEBERES SOBRE SERIES Y PELÍCULAS

Para incitar a nuestros alumnos a ver películas y series en español podemos enviarles deberes sobre estas.

LA CASA DE PAPEL

1. ¿Quién tiene la idea del robo?
a) El padre del profesor b) El profesor c) Tokyo

2. ¿De dónde son Oslo y Helsinki?
a) De Serbia b) De Rusia c) De Polonia

3. ¿Qué es lo más característico de Denver?
a) Su pelo b) Su risa c) Sus ojos

4. ¿Quién es un narcisista, egocéntrico, machista y tiene delirios de grandeza?
a) El profesor b) Berlín c) Rio

5. ¿Quién es un experto en tecnología?
a) Rio b) Oslo c) Berlín

6. ¿Cómo se llama la hija del embajador británico en España?
a) Alison b) Mónica c) Jennifer

7. ¿Cómo se llama el plan que consiste en hacer ruido disparando para que la policía quiera una prueba de vida de los rehenes y así ganar tiempo?
a) Plan Camerún b) Plan Chernóbil c) Plan Valencia

8. ¿Dónde trabajaba Moscú antes de ser un ladrón?
a) En una mina b) En un banco c) En un cine

9. ¿Cómo murió el anterior novio de Tokio?
a) Muerte natural b) Enfermo c) Robando

10. ¿Quién quiere recuperar a su hijo?
a) Tokio b) Nairobi c) Denver

APLICACIONES Y WEBS

Hay muchísimas páginas en internet que ofrecen cursos de español sin tener que moverse de casa, la mayoría de ellas también cuentan con una aplicación para dispositivos móviles. La versión de prueba suele ser gratuita, pero si queremos tener acceso a todos los materiales, deberemos pagar.

Algunas de estas aplicaciones son:

Busuu
Duolingo
Babbel
Memrise
Speeq
App 50 idiomas
Rosetta Stone
Bravolol

JUEGOS DE MESA

Porque no todo es digital, podemos hacer uso de una infinidad de juegos de mesa que nos ayudarán a dinamizar nuestras clases de español. Aquí hay algunos ejemplos:

· Dixit
· 5 segundos
· Dobble
· Tabú
· Story Cubes
· ¡Sí, señor oscuro!
· Erase una vez
· Black Stories
· Duplik
· Scattergories
· Scrabble
· Letra a letra
· Ikonikus

LIBROS QUE TE PUEDEN INTERESAR

"SIELE, preparación para el examen" es un libro de ejercicios para practicar la prueba de español SIELE, también sirve para preparar el DELE pues las tareas son muy similares. Este libro puede ser interesante para profesores ya que contiene muchos ejercicios del tipo que se suelen encontrar los alumnos en los exámenes.

"24 horas, para estudiantes de español" es una novela criminal adaptada para estudiantes, con una gramática muy sencilla que se puede entender sin problemas a partir del nivel A2 en adelante. La historia tiene lugar en Alicante, contiene aclaraciones de vocabulario, ejercicios y un juego de pistas.

"La prisión: elige tu propia aventura" es una novela para los estudiantes de nivel más avanzado. Tiene 31 finales diferentes a los que llegaremos tomando diferentes decisiones. El objetivo es escapar de la prisión.

MUCHAS GRACIAS

En esta última página quería agradecerte el hecho de haber comprado mi libro, espero que te haya sido de utilidad.

Si tienes cualquier duda o si necesitas el libro en un formato diferente, puedes ponerte en contacto conmigo, estaré encantado de ayudarte.

Mi dirección de email es: ramondiezgalan@gmail.com

11899973R00084

Made in the USA
San Bernardino, CA
07 December 2018